rororo

rororo sport
Herausgegeben von Bernd Gottwald

Wend-Uwe Boeckh-Behrens
Wolfgang Buskies

Supertrainer
Beine und Po
Die effektivsten Übungen

mit Fotos von Patrick Beier

Rowohlt Taschenbuch Verlag

2. Auflage Mai 2007

Originalausgabe
Veröffentlicht im Rowohlt Taschenbuch Verlag
GmbH, Reinbek bei Hamburg, April 2003
Copyright © 2003 by Rowohlt Taschenbuch Verlag
GmbH, Reinbek bei Hamburg
Redaktion Michaela Breit
Umschlaggestaltung any.way,
Barbara Hanke/Cordula Schmidt
(Foto: Patrick Beier)
Illustrationen Gerda Raichle
Layout Christine Lohmann
Satz Swift und Avenir PostScript
Gesamtherstellung Clausen & Bosse, Leck
Printed in Germany
ISBN 978 3 499 61040 0

Inhalt

Einleitung   8
    Das neue Training für Po und Beine   9

So wird Ihr Training effektiv!   12
    Die optimale Trainingsmethode   13

    Die Ermittlung der besten Übungen   18

Die Gesäßmuskulatur   20
    Die anatomischen Grundlagen:
    So funktioniert Ihre Gesäßmuskulatur   21

    Die Top 20 der Gesäßmuskulatur:
    So finden Sie die besten Übungen   24

    Die Übungen: Das Beste für Ihre Gesäßmuskeln   31

    Beinrückhebeübungen 32 – Kniebeugen, Beinpressen,
    Kreuzheben 45 – Übungen an Glutaeus-Maschinen 46

Die Muskulatur der Oberschenkelvorderseite   50
    Die anatomischen Grundlagen:
    So funktioniert Ihr vierköpfiger Oberschenkelmuskel   51

Die Top 15 des Quadrizepsmuskels:
So finden Sie die besten Übungen   55

Die Übungen: Das Beste für Ihre vordere
Oberschenkelmuskulatur   63

Beinpressen, Kniebeuge, Kreuzheben 63 – Beinstrecken 79 – Spezialübungen für den geraden Schenkelmuskel 81

Die Muskulatur der Oberschenkelrückseite   86

Die anatomischen Grundlagen:
So funktionieren Ihre Muskeln
der Oberschenkelrückseite   87

Die Top 20 der Oberschenkelrückseite:
So finden Sie die besten Übungen   90

Die Übungen: Das Beste für Ihre Muskeln
der Oberschenkelrückseite   97

Beinbeugen kombiniert mit Beinrückheben, Beckenlift 98 – Beinbeugeübungen an Maschinen 107 – Beinrückheben, Rumpfheben, Beinpressen, Kniebeuge 112

Die Adduktoren   116

Die anatomischen Grundlagen:
So funktionieren Ihre Adduktoren   117

Die Top 8 der Adduktoren:
So finden Sie die besten Übungen   120

Die Übungen: Das Beste für Ihre Adduktoren   123

Spezielle Adduktorenübungen 124 – Kreuzheben, Beinpressen 130

Die Abduktoren 132

Die anatomischen Grundlagen:
So funktionieren Ihre Abduktoren 133

Die Top 12 der Abduktoren:
So finden Sie die besten Übungen 136

Die Übungen: Das Beste für Ihre Abduktoren 140

Die Wadenmuskulatur 152

Die anatomischen Grundlagen:
So funktionieren Ihre Wadenmuskeln 153

Die Top 7 der Wadenübungen:
So finden Sie die besten Übungen 156

Die Übungen: Das Beste für Ihre Wadenmuskulatur 162

Übungen für den Zwillingswadenmuskel 163 – Übungen für den Schollenmuskel 170

Anhang 172

Literaturverzeichnis 173

Die Autoren 174

Bücher zum Thema 176

Einleitung

Das neue Training für Po und Beine

Ein fester Po, straffe Oberschenkel und wohlgeformte Waden sind ein Blickfang für Frauen und Männer. Viele leiden jedoch entweder unter der Fülle ihrer Problemzonen Hüften, Po und Oberschenkel oder unter der Schlaffheit ihres flachen Gesäßes und kraftlosen, dünnen Beinen. Die Optik von Po und Beinen ist jedoch nur ein Aspekt. Die Beine sind die Säulen, die unserem Körper Stabilität, Beschwerdefreiheit und Sicherheit geben. Die Kraft dieser Säulen bestimmt unsere Leistungsfähigkeit im Alltag, in der Freizeit, im Sport, schützt uns vor Rücken-, Hüft- und Kniebeschwerden und sichert unsere Unabhängigkeit im Alter. Ein optimales, lebenslanges Training der Bein- und Gesäßmuskulatur ist deshalb aus ästhetischer, präventiver, rehabilitativer, sportlicher und altersbezogener Sicht unverzichtbar.

Welche Übungen und welches Trainingskonzept den optimalen Weg zu einem ansehnlichen und leistungsfähigen «Fahrgestell» bedeuten, war bisher umstritten. Doch nun ist die Zeit der Vermutungen, sich widersprechender Erfahrungen und unbewiesener Behauptungen vorbei. Der Supertrainer Po und Beine weist Ihnen auf der Basis wissenschaftlich gesicherter Ergebnisse den sichersten und schnellsten Weg zum Erfolg.

Innovativ: Die Übungsranglisten

Gelöst wurde das Rätsel um die unterschiedlichen Intensitäten der zahlreichen Übungen für die Bein- und Gesäßmuskulatur am Institut für Sportwissenschaft der Universität Bayreuth, dem Zentrum für angewandte Fitnessforschung in Deutschland. Der Ausgangspunkt der umfangreichen Übungssammlung für jede Muskelgruppe ist eine Übungsrangfolge, aus der die wissenschaftlich nachgewiesene Effektivität jeder Übung eindeutig hervorgeht, von der Top-Übung bis zur Flop-Übung.

Die neun Übungsranglisten für die Muskeln von Gesäß, Oberschenkelvorder- und -rückseite, Adduktoren, Abduktoren und Waden und die dazugehörigen anatomischen Grundlagen sowie detaillierte Bewertungen und Beschreibungen der Übungen bilden den Schwerpunkt des Buches.

Effektiv: Die optimale Trainingsmethode

Die präzisen Angaben über die richtige Dosierung machen das Training leicht für Anfänger, Fortgeschrittene und Könner. Die Hinweise zum Training ohne Risiko helfen Verletzungen und Überbelastungen zu vermeiden und Beschwerden zu lindern. Neueste Untersuchungen lösen auch das Rätsel des Einsatz- bzw. Mehrsatztrainings.

Wegweisend: Die Informationen für Anfänger und Profis

Der Supertrainer Po und Beine dringt in eine neue Dimension des Trainings vor. Seine innovativen und praxisnahen Aussagen sind für alle, die an einem effektiven, gesunden und optimal gestalteten Training von Po und Beinen interessiert sind, unverzichtbar. Das Buch wendet sich an alle, die ihre Figur formen und ihre Leistungsfähigkeit verbessern wollen. Fitnessanfänger werden kompetent und ohne Umwege in ein effektives Training eingeführt. Fortgeschrittene Sportler aller Disziplinen erzielen mit Hilfe der hochintensiven Top-Übungen deutliche Leistungsfortschritte. Dabei werden nicht nur Aerobic- und Fitnessbegeisterte angesprochen, sondern alle, für die Körperformung, Beschwerdefreiheit und Leistungsfähigkeit von Bedeutung sind. Für Übungsleiter, Trainer, Aerobic- und Fitnessinstruktoren, Sportlehrer, Dozenten, Studenten, Physiotherapeuten und Ärzte ist das Buch eine Fundgrube für neue, alternative und wissenschaftlich überprüfte Übungen sowie eine wichtige Grundlage für die korrekte Vermittlung des neuesten Kenntnisstandes.

Genießen Sie das Training und Ihre Erfolge

Wend-Uwe Boeckh-Behrens
und Wolfgang Buskies

So wird Ihr Training effektiv!

Die optimale Trainingsmethode

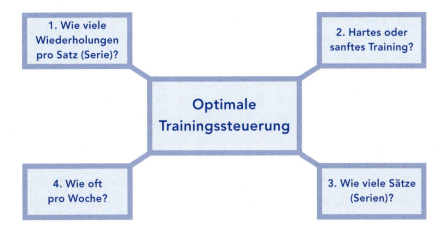

1. Wie viele Wiederholungen pro Satz (Serie)?

Die Wiederholungsanzahl richtet sich vor allem nach dem Trainingsziel. Wählen Sie das Trainingsgewicht so, dass die zielbezogene Wiederholungszahl möglich ist.

Trainingsziele		
• Kraftausdauer • Fettabbau • Muskelaufbau • Maximalkraft	• Muskelzuwachs • Maximalkraft • Fettabbau • Kraftausdauer	• Maximalkraft
Wiederholungen und Dauer eines Satzes		
15–30 WH und mehr oder 45–90 Sekunden und länger	6–15 WH oder 20–45 Sekunden	1–5 WH oder 1–20 Sekunden

2. Hartes oder sanftes Training?

Die Intensität, also die Anstrengung bei der Übungsausführung, richtet sich nach dem Trainingszustand, der Belastungsverträglichkeit und dem Trainingsziel. Sie können zwischen sanftem und hartem Krafttraining wählen.

Sanftes Krafttraining	Hartes Krafttraining
Beenden Sie den einzelnen Trainingssatz deutlich vor Erreichen der letztmöglichen Wiederholung (Ausbelastung). Den Zeitpunkt zum Abbruch in der Serie bestimmt Ihr «subjektives Belastungsempfinden»: Beenden Sie den Satz, sobald Sie die Belastung als «mittel bis schwer» wahrnehmen. Konkret bedeutet dies z. B. bei Trainingsanfängern, die ihre Kraftausdauer verbessern wollen, Folgendes: Wählen Sie das Trainingsgewicht so, dass Sie Ihre Anstrengung etwa bei der 15.–20. Wiederholung als «mittel bis schwer» empfinden. Durch Ausprobieren ist dieses Gewicht leicht zu finden. Sie beenden hier die Serie, obwohl noch weitere Wiederholungen möglich wären. Neben den guten Kraftzuwächsen ist im Vergleich zum Training bis zur letztmöglichen Wiederholung die orthopädische Belastung und die Herz-Kreislauf-Beanspruchung geringer (Boeckh-Behrens / Buskies 2002).	Als Fortgeschrittener können Sie auch bis zur letztmöglichen Wiederholung in einem Satz trainieren oder durch den Einsatz von Bodybuildingprinzipien die Intensität noch weiter erhöhen, indem z. B. durch die Hilfe eines Partners oder durch Reduzierung des Widerstands am Ende der Serie bei Muskelerschöpfung noch weitere Wiederholungen absolviert werden.

So wird Ihr Training effektiv! 15

Wer macht sanftes Training?	Wer macht hartes Training?
• Krafttrainingsanfänger, Kinder und ältere Personen • Personen mit orthopädischen oder internistischen Beschwerden/Risiken • Gesundheitssportler • Fitnesssportler bzw. Personen, die keine harte Belastung wollen • Rehabilitationspatienten	• Kraftsportler/Bodybuilder • Leistungssportler oder leistungsorientierte Fitnesssportler • Gesunde Personen, die sich gerne ausbelasten

3. Wie viele Sätze (Serien)?

Sie können zwischen Einsatztraining und Mehrsatztraining wählen.

Einsatztraining	Mehrsatztraining
Pro Muskelgruppe wird nur ein Trainingsatz (Serie) durchgeführt.	Pro Muskelgruppe werden 2–5 (oder mehr) Sätze durchgeführt.
Wer macht Einsatztraining?	**Wer macht Mehrsatztraining?**
• Kraftanfänger und Neueinsteiger, die hiermit sehr hohe Kraftgewinne erzielen können • Krafttrainierte, die mit wenig Zeitaufwand ihre Leistungsfähigkeit erhalten und ggf. verbessern können • Personen, die nur wenig Zeit investieren wollen/können und trotzdem deutliche Krafteffekte erzielen möchten	• Krafttrainierte, die ihre Leistung optimal verbessern wollen • Personen die Spaß daran haben, mehrere Sätze einer Übung durchzuführen • Personen, die durch einen größeren Trainingsumfang mehr Körperfett verbrennen wollen

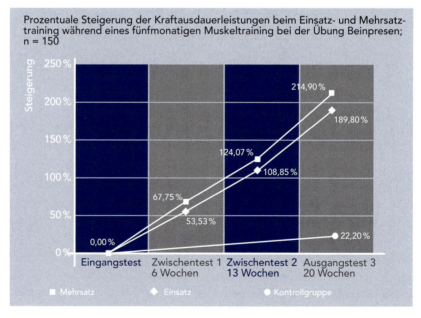

Abb. 1 Vergleich von Einsatz- und Mehrsatztraining nach 5 Monaten bei der Übung Beinpressen

So wird Ihr Training effektiv! 17

> **Exkurs**
>
> Wir konnten in 4 wissenschaftlichen Studien am Institut für Sportwissenschaft der Universität Bayreuth mit über 300 Probanden Folgendes nachweisen:
>
> 1. Die Krafteffekte sind für Einsteiger und wenig Krafttrainierte zumindest in den ersten 6 Monaten bei einem Mehrsatztraining nur geringfügig besser als bei einem Einsatztraining, wenn 2- bis 3-mal pro Woche trainiert wird. Dabei ergeben sich in den ersten 6 Wochen noch keine Unterschiede.
>
> 2. Auch ein einmal pro Woche durchgeführtes Einsatztraining bewirkt nennenswerte Kraftsteigerungen. Bei zunehmender Trainingshäufigkeit (zweimal oder dreimal pro Woche) sind die Kraftzuwächse allerdings deutlich höher.
>
> 3. Bei besser trainierten Kraftsportlern steht der wissenschaftliche Nachweis noch aus, ob ein Mehrsatztraining in Bezug auf die Kraftzuwächse nennenswert effektiver ist als ein Einsatztraining.

4. Wie oft pro Woche?

Die Anzahl der Trainingseinheiten pro Woche richtet sich nach dem Trainingsziel und dem Trainingszustand. Grundsätzlich gilt, dass nur regelmäßiges Krafttraining zu den gewünschten Ergebnissen führt, d. h., Sie sollten mindestens einmal pro Woche trainieren. Eigene Untersuchungen haben gezeigt, dass bereits ein einmal in der Woche durchgeführtes Einsatztraining bei Untrainierten zu deutlichen Kraftzuwächsen führt. Ein zweimal wöchentlich absolviertes Training bewirkt allerdings deutlich größere Kraftsteigerungen.

Die Ermittlung der besten Übungen

Experten im Krafttraining sind sich keineswegs einig darüber, welche Übungen für die verschiedenen Muskelgruppen von Po und Beinen die effektivsten sind. Die Meinungen von Trainern und Athleten gehen hier weit auseinander. Doch nun können wir die Mutmaßungen und Spekulationen beenden. Mit Hilfe elektromyographischer Messungen ist es uns gelungen, die Übungen objektiv miteinander zu vergleichen und für jeden Muskel eine aussagekräftige Übungsrangliste zu erstellen.

Aus der Wissenschaft für die Praxis

Die Intensität der Muskelaktivierung wurde mit Hilfe von EMG-Messungen ermittelt. EMG ist die Abkürzung für Elektro-(elektrische Aktivität)myo-(myos = griech. ‹Muskel›)graphie (Aufzeichnung)

Die Vergleichbarkeit verschiedener Übungen wurde hergestellt durch:

- **Homogene Probanden:** 10 männliche Sportstudierende (n = 10), Körpergrößenunterschied weniger als 10 cm (vergleichbare Hebelverhältnisse), Erfahrung im Krafttraining, Körperfettanteil gering (Durchschnitt 13 %).
- **Standardisierung der Intensität:**
    - Bei Übungen mit Gewichten oder Maschinen wurde der Widerstand so gewählt, dass maximal 12 Wiederholungen möglich waren.
    - Bei einigen Übungen mit dem eigenen Körpergewicht wurde die Intensität über die Zeitdauer der Belastung standardisiert. Es wurde eine Ausführungsvariante gewählt, die eine Übungsdauer von ca. 30 Sekunden ermöglichte, weil die Übungsdauer von 12 Wiederholungen ca. 30 Sekunden beträgt.
    - Bei einigen Übungen mit dem eigenen Körpergewicht war keine Standardisierung der Intensität möglich. Sie sind deshalb nicht direkt mit den anderen Übungen vergleichbar.
- Standardisierung des Bewegungstempos: Die Ausführungsgeschwindigkeit war kontrolliert, langsam bis zügig.
- Unveränderte Elektrodenposition: Bei jedem Probanden wurden alle Übungen an einem einzigen Messtermin getestet, ohne die Elektrodenposition zu verändern.

So wird Ihr Training effektiv!

- Vermeidung von Muskelermüdung: Es wurden nur 3 Wiederholungen gemessen, standardisierte Pausen eingehalten und bei der Hälfte der Probanden die Übungen in umgekehrter Reihenfolge gemessen.
- Reproduzierbarkeit der Messergebnisse: Die Reproduzierbarkeit der Rangfolgen wurde durch Reliabilitätsmessungen überprüft. Bei der Wiederholung der Messungen (Retest) zeigte sich, dass die Reproduzierbarkeit der Rangplätze in hohem Maß gegeben war. Die hohen Reproduzierbarkeitswerte belegen die Genauigkeit der EMG-Messmethode und der ermittelten Übungsranglisten.
- Trainingseffektivität: In Trainingsexperimenten konnten wir nachweisen, dass ein Training von Übungen auf den Spitzenplätzen der Übungsranglisten (hohe Muskelaktivierung) zu stärkeren Verbesserungen der Maximalkraft und der Kraftausdauer führt als ein Training von Übungen auf den hinteren Plätzen der Ranglisten (geringe Muskelaktivierung).

Die Übungsranglisten für alle anderen wichtigen Muskelgruppen und weitergehende Informationen zur EMG-Messmethode finden Sie in «Fitness-Krafttraining» (Boeckh-Behrens/Buskies 2002).

Gesäßmuskulatur

Die anatomischen Grundlagen: So funktioniert Ihre Gesäßmuskulatur

Der große Gesäßmuskel ist einer der größten Muskeln des Menschen und bei fast allen Bewegungen wie z. B. Laufen, Springen oder Streckbewegungen aus der Hocke maßgeblich beteiligt. Er wird auch Treppensteigemuskel genannt, weil er bei jeder Stufe das Hüftgelenk strecken und den Körper heben

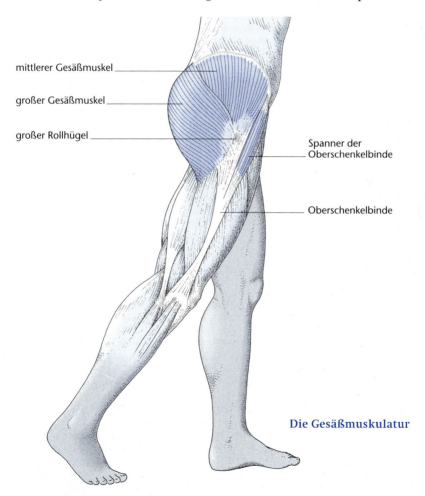

Die Gesäßmuskulatur

muss. Aus statischer Sicht verhindert er vor allem das Nach-vorn-Kippen des Oberkörpers im Stand und hilft bei der Stabilisierung der Beckenstellung. In seiner dynamischen Funktion ist er der kräftigste Hüftgelenkstrecker. Die Rückführung des Beines ist dabei bis ca. 10° hinter die Senkrechte möglich. Im Stand unterstützt er die Bauchmuskulatur und die Muskulatur der Oberschenkelrückseite beim Aufrichten des Beckens. Bei Überstreckung des Hüftgelenks, z. B. bei der Übung Beinrückheben am Hüftpendel, bewirkt er jedoch keine Beckenaufrichtung. Weitere Funktionen sind die Außenrotation sowie das Abspreizen des Beines vom bzw. Heranführen des Beines an den Körper. Da der M. glutaeus maximus dem Gesäß die Kontur verleiht, kommt ihm auch unter dem Gesichtspunkt der Körperformung eine besondere Bedeutung zu.

Gesäßmuskulatur 23

Die beste Kräftigungsübung für den großen Gesäßmuskel: Beinrückheben an der Leg-Curl-Maschine

Die beste Dehnübung

- Setzen Sie im Sitz ein Bein über das andere. Das unten liegende Bein ist im Kniegelenk gebeugt. Drehen Sie den Oberkörper nun zur Seite des aufgestellten Beines, ziehen Sie den Oberschenkel eng an die Brust und drücken Sie mit dem Oberarm den Oberschenkel nach innen, bis Sie eine Dehnspannung seitlich im Gesäß spüren.
- Halten Sie die Dehnspannung ca. 15–20 Sek. und dehnen Sie dann noch einmal 15–20 Sek. nach, indem Sie den Druck auf den Oberschenkel nach innen verstärken.

Die Top 20 der Gesäßmuskulatur: So finden Sie die besten Übungen

Die Rangliste der Kraftübungen für den großen Gesäßmuskel ist eine Zusammenstellung der 20 effektivsten bzw. am häufigsten angewandten Übungen. Bei jeder Übung sind in Klammern die Seiten angegeben, auf denen Sie detaillierte Übungsbeschreibungen und Übungsvarianten mit Bild finden. Die Übungen für die Abduktionsmuskeln, die ebenfalls zu den Gesäßmuskeln zu zählen sind, werden gesondert im Kapitel Abduktoren (vgl. S. 132) behandelt.

Top 20: Großer Gesäßmuskel

Rang	Übung	$\bar{x}R$
1	Beinrückheben (BRH) beidbeinig gestreckt mit Endkontraktionen (EK) an der Leg-Curl-Maschine (S. 35)	1,6
2	BRH einbeinig, gebeugt (90°) mit EK auf der Bank (S. 37)	2,9
3	BRH einbeinig, gebeugt (90°) mit EK am Boden (S. 37)	4,3
4	BRH einbeinig, gestreckt mit EK, Becken aufgerichtet im Unterarmstütz (S. 41)	4,8
5	BRH einbeinig, gestreckt mit EK auf der Bank (S. 37)	4,9
6	BRH gestreckt mit EK, Hüftgelenkwinkel (HGW) 180° an der Multi-Hip-Maschine (S. 42)	7,4
7	Beinstrecken einbeinig im Stand an der Glutaeus-Maschine (S. 47)	8,0
8	BRH mit Beinbeugen, Teilbewegungen an der Leg-Curl-Maschine (S. 35f.)	9,1
9	BRH einbeinig, gestreckt mit EK am Boden (S. 37)	9,1
10	Beckenlift, Kniegelenkwinkel (KGW) 100° mit EK am Boden (S. 44)	10,0
11	Beinstrecken einbeinig im Unterarmstütz an der Glutaeus-Maschine (S. 47)	10,3

Gesäßmuskulatur

Rang	Übung	x̄ R
12	BRH gestreckt, Ausgangsstellung HGW 90° an der Multi-Hip-Maschine (S. 42)	10,3
13	Kreuzheben mit Langhantel (S. 46)	11,7
14	Beckenlift am Boden, KGW 100° ohne EK (S. 44)	14,2
15	Kniebeugen mit Langhantel tief, KGW 70° komplette Bewegung (S. 46, 71)	14,3
16	Einbeinkniebeuge, tief auf Podest mit Festhalten, Teilbewegungen in Dehnstellung ca. 50°–100° (S. 46, 74)	15,3
17	Beinpressen horizontal tief, KGW 90°, HGW 80° (S. 46, 66)	16,7
18	Einbeinkniebeuge auf Podest, kompl. Bewegung (S. 46, 74)	17,7
19	Rumpfheben gestreckt auf der Hyperextensionbank, Teilbewegungen 135°–180° (S. 44)	18,3
20	Einbeinkniebeuge am Boden, Gewichtsverteilung 80/20 (S. 75)	18,5

EMG-Rangliste von 20 Übungen für den großen Gesäßmuskel nach dem durchschnittlichen Rangplatz (x̄ R); n=10; BRH = Beinrückheben, EK = Endkontraktionen, HGW = Hüftgelenkwinkel, KGW = Kniegelenkwinkel

Kommentar zur Rangliste «Großer Gesäßmuskel»

- x̄ R gibt den Mittelwert der individuellen Rangplätze der 10 Probanden an. Die Übung auf Platz 1 der Rangliste hat den kleinsten durchschnittlichen Rangplatz (x̄ R) und führt zur intensivsten Muskelkontraktion; sie ist somit die effektivste Übung für diesen Muskelanteil.
- Die folgende graphische Darstellung der durchschnittlichen Rangplätze x̄ R macht die Intensitätsunterschiede der 20 Übungen deutlich.

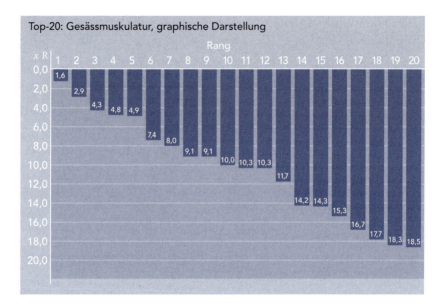

- Die Intensität nimmt von Übung 1 bis 20 ab.
- Je größer der Intensitätsabfall von einer Übung zur nächsten ausfällt, desto stärker unterscheiden sich die Übungen hinsichtlich ihrer Effektivität. Dies gilt z. B. für den deutlichen Intensitätsabfall von Übung 1 zu 2, 2 zu 3, 5 zu 6, 12 zu 13 und 13 zu 14.
- Übungen mit nahe beieinander liegenden Rangplatzwerten weisen dagegen vergleichbar hohe Intensitäten auf und sind deshalb als nahezu gleichwertig anzusehen. Dies gilt hier für die Übungen 3–5, 8 und 9, 10–12, 14 und 15, 19 und 20.
- Die Übung Beinrückheben beidbeinig mit gestreckten Beinen an der Beinbeugemaschine (Leg-Curl), mit Endkontraktionen, erweist sich eindeutig als die Top-Übung zur Kräftigung des großen Gesäßmuskels.
- Die Übungsgruppe der Beinrückhebevarianten ist allen anderen Übungen überlegen. Dies gilt unabhängig von der Tatsache, ob die Übungen durch Endkontraktionen zusätzlich intensiviert werden oder nicht (vgl. Rangplätze 1–6, 8 und 9, 12).
- Endkontraktionen erhöhen die Effektivität grundsätzlich (vgl. Übungsvergleich 10 und 14).
  Beinrückhebeübungen mit ca. 90° gebeugtem Kniegelenk sind intensiver als Ausführungsvarianten mit gestreckten Beinen (vgl. Übungsvergleich 2 und 5).

Gesäßmuskulatur

- Varianten der Übungen Kniebeuge, Beinpressen, Kreuzheben erreichen vorwiegend Rangplätze im letzten Viertel der Rangliste (vgl. Übungen 13, 15–18, 20).
- Die beiden Übungen an Glutaeus-Maschinen nehmen nur die Plätze 7 und 11 ein.
- Die Komplexübung Beckenlift, Rangplätze 10 und 14, erweist sich auch für den großen Gesäßmuskel als durchaus empfehlenswerte Übung.
- Die Top-20-Rangliste enthält keine Hinweise zur Funktionalität und keine zielgruppenspezifischen Empfehlungen für oder gegen einzelne Übungen. Diese wichtigen Informationen folgen in der Beschreibung der Übungsgruppen und der einzelnen Übungen.

Übersicht: Top-20-Übungen im Bild

1. Beinrückheben beidbeinig, gestreckt mit Endkontraktionen an der Leg-Curl-Maschine

2. Beinrückheben einbeinig, gebeugt (90°) mit Endkontraktionen auf der Bank

3. Beinrückheben einbeinig, gebeugt (90°) mit Endkontraktionen am Boden

4. Beinrückheben einbeinig, gestreckt mit Endkontraktionen, Becken aufgerichtet im Unterarmstütz

 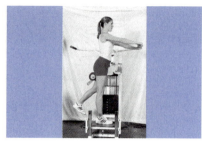

5. Beinrückheben einbeinig, gestreckt mit Endkontraktionen auf der Bank

6. Beinrückheben gestreckt, mit Endkontraktionen, Hüftgelenkwinkel 180° an der Multi-Hip-Maschine

7. Beinstrecken einbeinig im Stand an der Glutaeus-Maschine

8. Beinrückheben mit Beinbeugen, Teilbewegungen an der Leg-Curl-Maschine

9. Beinrückheben einbeinig, gestreckt mit Endkontraktionen am Boden

10. Beckenlift, Kniegelenkwinkel 100°, mit Endkontraktionen am Boden

Gesäßmuskulatur 29

11. Beinstrecken einbeinig im Unterarmstütz an der Glutaeus-Maschine

12. Beinrückheben gestreckt, Ausgangsstellung Hüftgelenkwinkel 90° an der Multi-Hip-Maschine

13. Kreuzheben mit Langhantel

14. Beckenlift am Boden, Kniegelenkwinkel 100°, ohne Endkontraktionen

16. Einbeinkniebeuge, tief auf Podest, Teilbewegungen in Dehnstellung, ca. 50°–100°

17. Beinpressen horizontal tief, Kniegelenkwinkel 90°, Hüftgelenkwinkel 80°

18. Einbeinkniebeuge auf Podest, komplette Bewegung

19. Rumpfheben gestreckt auf der Hyperextensionsbank, Teilbewegungen 135°–180°

20. Einbeinkniebeuge am Boden, Gewichtsverteilung 80/20

Die Übungen:
Das Beste für Ihre Gesäßmuskeln

Die Übungen für den großen Gesäßmuskel werden aufgrund struktureller Merkmale in drei Gruppen eingeteilt:

1. Beinrückhebeübungen

Zu dieser Übungsgruppe werden die Übungen Beckenlift und Rumpfheben aufgrund der strukturellen Gemeinsamkeiten hinzugenommen.

2. Kniebeugen, Beinpressen und Kreuzheben

3. Übungen an Glutaeus-Maschinen

Beinrückhebeübungen

Das Beinrückheben setzt die funktionelle Anatomie des großen Gesäßmuskels optimal in eine Bewegung um, indem das Hüftgelenk in der Endposition nicht nur gestreckt, sondern überstreckt wird.

Das Wichtigste im Überblick

EFFEKTIVITÄT

- Beinrückhebeübungen sind unumstritten die Top-Übungen für den großen Gesäßmuskel. Sie nehmen in der Rangliste (vgl. S. 24/25) die Spitzenplätze 1–6 sowie die Plätze 8 und 9 und 12 ein. Die Überstreckung des Hüftgelenks bis zum anatomischen Endpunkt ermöglicht die maximale Kontraktion des Muskels und bewirkt so die optimale Effektivität dieser Übungen. Dies ist der wesentliche Unterschied gegenüber Kniebeugeübungen, die nur eine Streckung, aber keine Überstreckung des Hüftgelenks erlauben und trotz sehr hoher Zusatzlasten deutlich geringere Muskelspannungen erzeugen.
- Beinrückhebeübungen eignen sich hervorragend für den Einsatz von Endkontraktionen, die die Intensität der Übungen wesentlich erhöhen. Endkontraktionen sind zusätzliche kraftvolle Muskelimpulse am Bewegungsende in Überstreckung des Hüftgelenks. Sie sind lediglich als sehr kleine endgradige Bewegungen sichtbar. Die ersten 6 Plätze der Rangliste werden von Beinrückhebeübungen mit Endkontraktionen eingenommen.
- Bei den Übungen ohne Geräte hat sich das Rückheben eines Beines mit gebeugtem Kniegelenk und dem Schieben der Fußsohle nach oben als intensiver herausgestellt als das Rückheben des gestreckten Beines. Möglicherweise kann beim Anheben des gebeugten Beines eine stärkere Überstreckung des Hüftgelenks erreicht werden als bei einer Übungsausführung mit gestrecktem Bein. Das nachfolgende Übungsbeispiel zeigt die wichtigsten Kriterien zur Intensivierung.

Gesäßmuskulatur 33

Beinrückheben einbeinig, gebeugt mit Endkontraktionen auf der Bank
- Überstreckung des Hüftgelenks
- Endkontraktionen
- Kniegelenk ca. 90° gebeugt

■ Sie können die Intensität bei allen Übungen ohne Zusatzgewichte (vgl. S. 24, Übungen auf den Plätzen 2-5, 9) leicht selbständig verändern, indem Sie das Hüftgelenk mit maximaler, mittlerer oder geringer Kraft strecken.

BESONDERHEITEN

■ Beinrückhebeübungen sind auch die besten Komplexübungen für mehrere wichtige Muskeln der Körperrückseite. Es wird nicht nur der große Gesäßmuskel optimal gekräftigt, sondern der untere Teil des Rückenstreckers und die Muskulatur der Oberschenkelrückseite werden ebenfalls hochintensiv trainiert.

■ Beinrückheben an Maschinen (vgl. S. 24/25, Rangplätze 1, 6-8, 11, 12) ist keineswegs intensiver als Übungsvarianten ohne Zusatzgewichte (vgl. Rangplätze 2-5, 9). Allerdings gilt dies nur, wenn die Übungen ohne Gewichte vom Übenden mit durchgehend hoher Intensität ausgeführt werden. Diese hohe Effektivität kann durch die Gewichte der Maschinen leichter garantiert werden.

 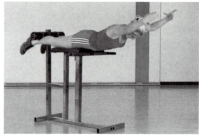

Beckenlift — Rumpfheben gestreckt

- Die intensitätsfördernde Überstreckung des Hüftgelenks beim Beinrückheben geht häufig mit einer Beckenkippung und Lordosierung (Hohlkreuz) der Lendenwirbelsäule einher. Bei Personen mit Beschwerden im unteren Rücken, z. B. aufgrund eines zu stark ausgeprägten Hohlkreuzes kann dies zu einer Verstärkung der Rückenbeschwerden führen. Dieses Problem kann bei manchen Trainierenden gelöst werden, indem der Übende das Spielbein an die Brust zieht (vgl. Bild S. 37) Das Anziehen eines Beines führt automatisch zu einem Aufrichten des Beckens und zur Aufhebung der Lendenlordose. Ein gleichzeitiges Anheben beider Beine kann gerade bei einer starken Überstreckung der Lendenwirbelsäule Rückenbeschwerden hervorrufen.

Die Übung Beckenlift wird strukturell der Übungsgruppe Beinrückheben zugeordnet, weil sie als umgekehrte Beinrückhebeübung angesehen werden kann. Das Körpergewicht, das gehoben werden muss, bildet den Widerstand. Die Übung ist ebenfalls eine ausgezeichnete Komplexübung für den großen Gesäßmuskel (vgl. S. 24), den unteren Anteil des Rückenstreckers und vor allem für die Muskulatur der Oberschenkelrückseite. Endkontraktionen intensivieren auch in diesem Fall die Übung erheblich.

Das Rumpfheben kann derselben Strukturgruppe zugerechnet werden, wobei in diesem Fall der Oberkörper und nicht die Beine angehoben werden. Die Wirksamkeit der Übung für den großen Gesäßmuskel ist jedoch gering.

ALLGEMEINE ÜBUNGSAUSFÜHRUNG
- Der Trainierende muss seinen Körper möglichst gut fixieren, um hohe Muskelspannungen erzeugen zu können. Je besser der Körper stabilisiert

Gesäßmuskulatur

ist, desto intensiver kann der Muskel kontrahieren. Die Fixierung erfolgt in der Maschine oder durch einen festen Griff an einer Bank.
- Die Überstreckung des Hüftgelenks sollte mit maximalem Krafteinsatz erfolgen, um eine möglichst große Effektivität zu erreichen. Eine zu starke Lendenlordose (Hohlkreuz) wird dabei durch das Anziehen eines Beines unter den Rumpf vermieden.
- Endkontraktionen erhöhen die Effektivität der Übungen ohne Gerät erheblich. Sie können im Wechsel mit einer kompletten Bewegungsamplitude oder auch kontinuierlich durchgeführt werden.

Die Übungen im Detail

Beinrückheben an der Beinbeugemaschine

Beinrückheben gestreckte Beine

Beinrückheben gebeugte Beine

Beinrückheben einbeinig

EFFEKTIVITÄT

- Die absolute Top-Übung für den großen Gesäßmuskel ist das Beinrückheben mit gestreckten Beinen und Endkontraktionen an der Beinbeugemaschine (Rangplatz 1, vgl. S. 24). Die Übungsvariante mit leichtem Beugen und Strecken des Kniegelenks (Teilbewegungen) ist zwar ebenfalls noch sehr intensiv, fällt jedoch im Vergleich deutlich ab (Rangplatz 8).
- Zusätzlich sind beide Varianten auch die Top-Übungen für den unteren Rücken, wobei hier die Ausführung mit Beugen und Strecken in den Kniegelenken etwas effektiver ist.
- Die Übung Beinrückheben mit Beinbeugen an der Beinbeugemaschine ist zudem die Top-Übung für die Oberschenkelrückseite.

ÜBUNGSAUSFÜHRUNG

- Legen Sie sich auf die Maschine, sodass sich die Knie knapp unterhalb der Polsterung befinden. Da die Beinbeugemaschinen nicht für eine Übungsausführung mit Anheben der Oberschenkel konstruiert sind (es gibt bisher leider noch keine optimale Maschinenkonstruktion), wählen Sie die Position der Fußpolster so, dass Sie direkt auf den Fersen liegen. Bei der Übungsausführung verschiebt sich dabei das Polster nach vorne in die korrekte Position. Wenn es die Geräteeinstellung ermöglicht, sollten Sie die Bewegung mit leicht gebeugten Kniegelenken beginnen. Heben Sie jetzt die Oberschenkel von der Unterlage ab (= Beinrückheben) und heben und senken Sie die Beine mit kleiner Bewegungsamplitude nahe am Bewegungsendpunkt (= Endkontraktionen).
- Bei der Variante mit Anbeugen der Beine werden die Beine bei abgeho-

Gesäßmuskulatur

benen Oberschenkeln im Wechsel gebeugt und fast wieder gestreckt, wobei die Oberschenkel die ganze Zeit abgehoben bleiben.
- Bei Personen mit schwacher unterer Rückenmuskulatur kann es zu Spannungen und Verkrampfungen in der unteren Rückenmuskulatur kommen, bevor die Gesäßmuskulatur ermüdet. Nach einigen Trainingseinheiten für den unteren Rücken ist diese Muskelpartie in der Regel so weit auftrainiert, dass sich dieses Problem nicht mehr stellt.
- Je nach Maschinentyp kann die Übung auch einbeinig durchgeführt werden. Ein Fuß wird dabei neben der Maschine in einem Ausfallschritt nach vorne gesetzt. Dadurch wird das Becken aufgerichtet und die Belastung des unteren Rückens vermindert.

Beinrückheben einbeinig auf der Bank bzw. am Boden

Beinrückheben gebeugt auf der Bank

Beinrückheben gestreckt auf der Bank

Beinrückheben gebeugt am Boden

Beinrückheben gestreckt am Boden

EFFEKTIVITÄT

- Die Übung Beinrückheben einbeinig mit gebeugtem Bein und Endkontraktionen auf der Bank ist eindeutig die Top-Übung ohne Gerät für den großen Gesäßmuskel (Rangplatz 2) und aufgrund der besseren Fixierung des Körpers noch intensiver als die ebenfalls hocheffektive Variante am Boden (Rangplatz 3).
- Beide Varianten aktivieren zudem sehr intensiv die untere Rückenmuskulatur sowie mittelintensiv die Oberschenkelrückseite.
- Die Übungsausführung mit gestrecktem Bein ist eine gute Alternative, die allerdings etwas weniger intensiv ist.
- Das Beinrückheben beidbeinig trainiert zwar den großen Gesäßmuskel ebenfalls sehr intensiv, ist jedoch aufgrund der starken Überstreckung der Lendenwirbelsäule (Rückenbeschwerden!) nicht für jeden Trainierenden zu empfehlen.

ÜBUNGSAUSFÜHRUNG

- Legen Sie sich in Bauchlage auf eine Flachbank, sodass die Hüfte mit dem Bankende abschließt. Ziehen Sie ein Bein neben der Bank unter den Rumpf, um das Becken aufzurichten, und fixieren Sie den Oberkörper durch den Griff der Hände vorne an der Bankkante.
- Führen Sie das Bein mit gebeugtem Kniegelenk maximal nach oben. Versuchen Sie das Hüftgelenk zu überstrecken, indem Sie die Fußsohle nach oben schieben. Kleine Schiebe- und Hubbewegungen (= Endkontraktionen) sind hoch wirksam.
- Die Bewegungsausführung ist bei der Variante am Boden gleich. In Bauchlage wird dabei ein Bein unter den Körper gezogen, wenn es die Beweglichkeit zulässt.

Gesäßmuskulatur

ÜBUNGSVARIANTEN

Mit Partnerwiderstand
«Der Reiter»

- Eine sehr hohe Aktivierung können Sie auch durch Partnerwiderstand auf den Fußsohlen erzielen. Der Widerstand wird durch Druck mit den Händen oder durch «Sitz» auf der Fußsohle erreicht.

Beinrückheben Kraulbeinschlag Bank

Beinrückheben Kraulbeinschlag Boden

Beinrückheben mit Öffnen und Schließen der Beine am Boden

Beinrückheben mit eingeklemmtem Ball

Beinrückheben mit Ball und Partnerwiderstand

Beinrückheben mit Partnerwiderstand in Bankstellung

- Es bieten sich auch beidbeinige Übungsvarianten an, z. B. mit «Kraulbeinschlagbewegungen» aus der Hüfte mit gestreckten Kniegelenken, Öffnen und Schließen der gestreckt abgehobenen Beine oder Abheben der Beine mit einem zwischen den Füßen eingeklemmten Gymnastikball, wobei zusätzlich der Partner dosiert Druck auf den Ball ausüben kann.
- Bei den Übungen auf der Bank schließt die Hüfte mit dem Bankende ab.
- Spannen Sie bei den Übungen in Bauchlage die Bauchmuskulatur an. Halten Sie den Kopf in Verlängerung der Wirbelsäule oder legen Sie die Stirn auf den Boden bzw. die Hände ab.

Beinrückheben einbeinig im Unterarmstütz bzw. in der Bankstellung

Beinrückheben Unterarmstütz

mit Partnerwiderstand

EFFEKTIVITÄT

- Das Beinrückheben im Unterarmstütz (Rangplatz 4) ist vor allem dann hochintensiv für das Training des großen Gesäßmuskels, wenn es mit

Gesäßmuskulatur 41

Endkontraktionen durchgeführt wird. Die schwierige Fixierung des Körpers reduziert die Übungsintensität geringfügig.
- Die Übung aktiviert zudem die untere Rückenmuskulatur hochintensiv. Die Ausführungsvariante mit gebeugtem Bein ist zusätzlich wirksam für die Muskulatur der Oberschenkelrückseite.
- Partnerwiderstand am Oberschenkel oder auf der Fußsohle führt zu einer zusätzlichen Intensivierung.

ÜBUNGSAUSFÜHRUNG
- Gehen Sie aus der Bankstellung in den Unterarmstütz und ziehen Sie ein Bein so weit unter den Körper, bis das Aufrichten des Beckens sichergestellt ist. Manche Trainierende spüren in dieser Ausgangsstellung einen leichten Kompressionsschmerz in der Leistenbeuge des Stützbeins, der allerdings sofort nach Übungsende verschwindet.
- Heben Sie das Trainingsbein mit gestrecktem Kniegelenk maximal weit nach oben und führen Sie kleine Teilbewegungen am Bewegungsendpunkt aus (Endkontraktionen).
- Der Partner kann an der Fußsohle und/oder am Oberschenkel Widerstand geben.
- Die Variante in der Bankstellung (Kickback) ist weniger günstig, weil die Ausgangsstellung labiler ist und bei Überstreckung des Hüftgelenks die Lordose der Lendenwirbelsäule verstärkt wird. Der Partner sollte hier das Bein in der Waagerechten durch Widerstand am Oberschenkel blockieren.

Kickback ohne Widerstand   mit Partnerwiderstand

Beinrückheben an der Hüftpendelmaschine

Beinrückheben gestreckt, Hüftpendelmaschine Hüftgelenkwinkel 180° in der Ausgangsstellung

Beinrückheben, Hüftgelenkwinkel 90° in der Ausgangsstellung

EFFEKTIVITÄT

- Die Variante mit gestrecktem Bein und Endkontraktionen führt zu einer hohen Aktivierung des großen Gesäßmuskels (Rangplatz 6, vgl. S. 24), bleibt aber bei der Intensität dennoch deutlich hinter der Top-Übung zurück.
- Das Beinrückheben mit großer Bewegungsamplitude aus einer Ausgangsstellung mit gebeugtem Hüftgelenk aktiviert den Gesäßmuskel deutlich geringer (Rangplatz 12) als die Variante mit gestrecktem Bein und Endkontraktionen, weil der erste Teil der Bewegung, das Herabführen des Trainingsbeines bis zum Standbein, eine geringe Intensität aufweist. Der große Gesäßmuskel ist also bei dieser Variante im Bewegungsbereich bis zur Senkrechten des Beines vergleichsweise viel geringer aktiviert.
- Die zusätzliche Aktivierung der Oberschenkelrückseite ist im Vergleich zu den Spezialübungen für diese Muskelgruppe gering. Der untere Rücken wird mittelintensiv mit beansprucht.

ÜBUNGSAUSFÜHRUNG

- Stellen Sie sich so auf die höhenverstellbare Plattform, dass sich Ihr Hüftgelenk auf Höhe der Drehachse der Maschine befindet. Das Widerstandspolster sollte, falls möglich, unmittelbar oberhalb des Kniegelenks ansetzen.
- Stemmen Sie mit aufrechtem Oberkörper ihre Arme gegen die Halte-

Gesäßmuskulatur 43

stange und spannen Sie die Rumpfmuskulatur an (Stabilisierung des Körpers).
- Führen Sie das Trainingsbein gegen den Widerstand des Hüftpendels nach hinten in die Überstreckung. In der Endstellung befindet sich das Trainingsbein hinter dem Standbein (ca. 10°). Bei der sehr effektiven Variante Beinrückheben gestreckt mit Endkontraktionen wird nur mit einer sehr kleinen Bewegungsamplitude trainiert und das Trainingsbein nur bis auf Höhe des leicht gebeugten Standbeins zurückgeführt. Der Bewegungsschwerpunkt liegt in der Betonung der Überstreckung.
- Bei der weniger effektiven Variante aus gebeugter Hüftgelenkposition stellen Sie das Hüftpendel so ein, dass der Oberschenkel 90° angehoben ist und beginnen aus dieser Position mit der Rückführbewegung des Beines.
- Während der gesamten Bewegung sollten Sie den Körper optimal stabilisieren und auf einen aufrechten Oberkörper achten. Kippen Sie den Rumpf nicht nach vorne, sondern halten Sie ihn unbeweglich aufrecht und gerade.

Beinrückheben am Kabelzug

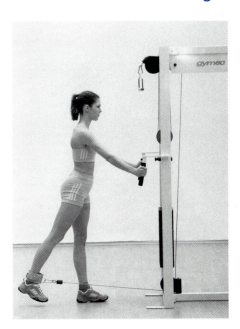

Beinrückheben am Kabelzug

EFFEKTIVITÄT

- Die Übung ist für den großen Gesäßmuskel ähnlich effektiv wie das Beinrückheben an der Hüftpendelmaschine, wenn eine gute Stabilisierung durch einen festen Halt der Hände gewährleistet wird.
- Die Aktivierung der Oberschenkelrückseite ist im Vergleich zu den Spezialübungen für diese Muskelgruppe gering. Der untere Rücken wird mittelintensiv mitbeansprucht.

ÜBUNGSAUSFÜHRUNG

- Stellen Sie sich vor eine Kabelzugmaschine und befestigen Sie eine Fußschlaufe am Knöchel des Trainingsbeines. Fixieren Sie den Körper, indem Sie sich mit den Händen an der Maschine festhalten. Das Standbein ist leicht gebeugt.
- Führen Sie das Trainingsbein bei aufrechter Körperhaltung nach hinten in die Überstreckung. Sie können das Training intensivieren, indem Sie mit kleiner Bewegungsamplitude mit Betonung der Überstreckung (Endkontraktionen) trainieren.

Beckenlift und Rumpfheben

Beckenlift

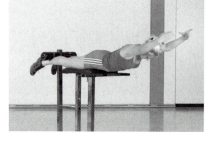

Rumpfheben

Die Übung Beckenlift mit Endkontraktionen (Rangplatz 10) ist eine hochintensive kraftgymnastische Übung für die Muskulatur der Oberschenkelrückseite. Zusätzlich werden der große Gesäßmuskel und der untere Rücken mit mittlerer Intensität trainiert. Die detaillierte Übungsdarstellung findet sich im Kapitel Oberschenkelrückseite (S. 103).
Die Übung Rumpfheben (Rangplatz 19, vgl. S. 25) kann als Trainingsübung für den großen Gesäßmuskel nicht empfohlen werden, da sie im Vergleich zu den Spezialübungen nur zu einer geringen Aktivierung führt.

Gesäßmuskulatur

Kniebeugen, Beinpressen, Kreuzheben

Kniebeugeübungen sind in erster Linie Trainingsübungen für die Oberschenkelvorderseite. Eine eingehende Analyse dieser Übungsgruppe erfolgt im Abschnitt «Die Muskulatur der Oberschenkelvorderseite» (vgl. S. 63 ff.). Hier werden lediglich die Trainingswirkungen von Kniebeugen auf die Gesäßmuskulatur betrachtet.

Das Wichtigste im Überblick

EFFEKTIVITÄT

- Die Übungen Kreuzheben, Kniebeuge und Beinpressen aktivieren die Gesäßmuskulatur nur mit mittlerer Intensität. Dies belegen auch die Plätze 13, 15–18, 20 im letzten Viertel der Top-20-Rangliste. Das Kreuzheben ist dabei die intensivste Übung auf Rangplatz 13 (vgl. S. 25).
- Kniebeugevarianten mit Zusatzgewicht erweisen sich in der Regel als effektiver als Einbeinkniebeugen ohne Zusatzgewicht. Bei vielen übergewichtigen Krafttrainingsanfängern kann das hohe Körpergewicht jedoch bereits eine hohe Intensität bedeuten.

BESONDERHEITEN

- Die Gründe für die relativ geringe Wirksamkeit von Kniebeugevarianten für die Gesäßmuskulatur sind die fehlenden Möglichkeiten zur Überstreckung des Hüftgelenks und zur Durchführung von Endkontraktionen.
- Die Übungen Kreuzheben, Beinpressen und Kniebeugen sind jedoch die vielseitigsten Komplexübungen überhaupt, die zahlreiche Muskeln des Körpers effektiv trainieren. Dazu gehören vor allem die Muskulatur der Oberschenkelvorderseite und des unteren Rückens.

ZIELGRUPPE

- Die Übungen Kniebeuge und Kreuzheben sind für Anfänger weniger geeignet. Diese Übungen sind technisch anspruchsvoll, benötigen für ein effektives Training höhere Zusatzlasten und weisen deshalb ein erhöhtes Verletzungsrisiko auf.
- Die Übungen Beinpressen und Einbeinkniebeugen sind dagegen nach einer kurzen technischen Einführung für jeden durchführbar.

Die Übungen im Detail

Kniebeuge mit Langhantel

Kreuzheben mit Langhantel

Beinpressen

Einbeinkniebeuge auf Podest

Eine eingehende Beschreibung der Übungen finden Sie im Abschnitt «Die Muskulatur der Oberschenkelvorderseite» (vgl. S. 63 ff.).

Übungen an Glutaeus-Maschinen

Die von uns ermittelten EMG-Messwerte hängen entscheidend von den Konstruktionsmerkmalen der Glutaeus-Maschinen ab, die uns zur Verfügung standen. In die Top-20-Übungsrangliste für den großen Gesäßmuskel (vgl. S. 24) wurden die Übungen an zwei unterschiedlichen Glutaeus-Maschinen aufgenommen.

Gesäßmuskulatur

Das Wichtigste im Überblick

EFFEKTIVITÄT

■ Die Übungen an den beiden Glutaeus-Maschinen nehmen in der Top-20-Rangliste die Mittelplätze 7 und 11 ein. Diese Platzierung spiegelt die Konstruktionsmängel von beiden Spezialmaschinen wider, die eigentlich Spitzenplätze belegen müssten.

BESONDERHEITEN

■ Beide getesteten Maschinen setzen die anatomischen Funktionen des großen Gesäßmuskels nicht perfekt um, da sie keine optimale Überstreckung des Hüftgelenks erlauben. Dieser konstruktionsbedingte gravierende Mangel liegt bei den meisten Glutaeus-Maschinen vor. Aufgrund dieser Defizite ist die erreichte Aktivierung des großen Gesäßmuskels an den getesteten Spezialmaschinen unbefriedigend.

Die Übungen im Detail

Beinstrecken einbeinig im Unterarmstütz an Glutaeus-Maschinen

EFFEKTIVITÄT

- Das einbeinige Beinstrecken an der Glutaeus-Maschine aktiviert den großen Gesäßmuskel aufgrund der fehlenden Hüftgelenküberstreckung nur mittelintensiv (Rangplatz 11). Aufgrund dieser konstruktiven Mängel der Maschine ist die Effektivität deutlich geringer als bei den Top-Übungen.

ÜBUNGSAUSFÜHRUNG

- Wählen Sie die Position auf der Maschine so, dass die Achse des Hüftgelenks mit der Drehachse der Maschine in Deckung ist. Legen Sie den Oberkörper und je nach Maschinentyp auch ein Knie auf die hierfür vorgesehene Polsterung ab und fassen Sie die Haltegriffe.
- Drücken Sie jetzt den Widerstand mit dem Trainingsbein so weit wie möglich nach hinten-oben und führen Sie anschließend das Bein wieder kontrolliert nach vorne.

Gesäßmuskulatur 49

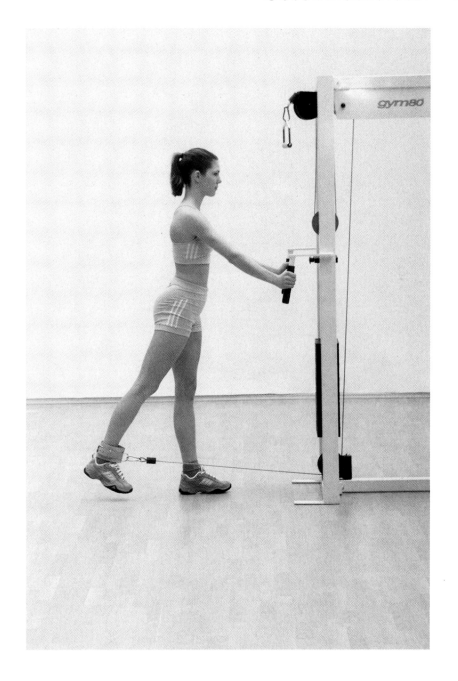

Die Muskulatur der Oberschenkelvorderseite

Die anatomischen Grundlagen: So funktioniert Ihr vierköpfiger Oberschenkelmuskel

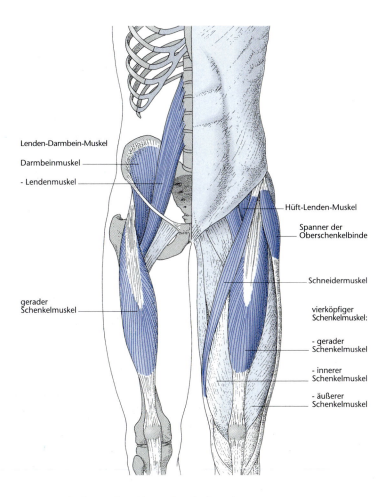

Die Muskulatur der Oberschenkelvorderseite

Der auf der Vorderseite des Oberschenkels liegende vierköpfige Oberschenkelmuskel ist der kräftigste Muskel des Körpers. Er setzt sich zusammen aus dem zweigelenkigen geraden Schenkelmuskel (M. rectus femoris), der über das Hüft- und Kniegelenk zieht, und aus den drei eingelenkigen Strängen des inneren, äußeren und mittleren Schenkelmuskels (M. vastus medialis, M. vastus lateralis und M. vastus intermedius). Alle vier Muskelanteile laufen oberhalb des Knies zusammen und setzen über die Patellasehne oben am Schienbein an. Aufgrund seiner Kniestreckfunktion ist der M. quadriceps femoris bei vielen Bewegungen wie z. B. Gehen, Aufstehen, Treppensteigen, Laufen oder Springen maßgeblich beteiligt. Er schützt und stabilisiert gemeinsam mit der Oberschenkelrückseite das Kniegelenk und verhindert in seiner statischen Funktion das Einknicken im Kniegelenk beim Stehen. Aus gesundheitlicher Sicht beugt ein ausgewogenes Training der Oberschenkelvorder- und -rückseite Kniebeschwerden und -verletzungen bzw. vorzeitigen Verschleißerscheinungen vor und führt in vielen Fällen bei vorhandenen Beschwerden zur Schmerzlinderung.

Aufgrund ihrer Größe und exponierten Lage kommt den Muskeln der Oberschenkelvorderseite auch aus optischen und ästhetischen Gesichtspunkten eine besondere Bedeutung zu. Der äußere Schenkelmuskel ist der kräftigste Anteil. Sein Muskelbauch ist bei kräftigen Personen gut an der Außenseite des Oberschenkels zu erkennen. Ist seine Kraft im Vergleich zum inneren Anteil, der deutlich sichtbar neben der Basis der Kniescheibe liegt, zu groß, kann es zu einem ungleichmäßigen Lauf der Kniescheibe und Kniebeschwerden kommen.

> **INFO**
> Der zweigelenkige gerade Schenkelmuskel, der zusätzlich noch im Hüftgelenk beugt und das Becken kippt (ins Hohlkreuz zieht), neigt bei vielen Menschen zur Verkürzung. Für diesen Muskelanteil sollten Sie auch immer ein Dehn- sowie ein Krafttraining des Gegenspielers (Muskulatur der Oberschenkelrückseite) durchführen.

Muskulatur der Oberschenkelvorderseite 53

Die besten Kräftigungsübungen für die Muskeln der Oberschenkelvorderseite

Horizontales Beinpressen, die beste Kräftigungsübung für die eingelenkigen Anteile des vierköpfigen Oberschenkelmuskels (s. S. 66)

Leg-Kick kombiniert mit Hüftbeugen, die beste Kräftigungsübung für den zweigelenkigen geraden Schenkelmuskel (s. S. 81)

Die besten Dehnübungen für den vierköpfigen Oberschenkelmuskel

eingelenkige Anteile

- Ziehen Sie im Stand die Ferse ans Gesäß. Halten Sie diese Position 30–40 Sek.
- Sie spüren kaum eine Dehnspannung! Bei den meisten Menschen sind die drei eingelenkigen Anteile des vierköpfigen Oberschenkelmuskels nicht verkürzt, sodass ihre Dehnung von untergeordneter Bedeutung ist.

zweigelenkiger Anteil (gerader Schenkelmuskel)

- Ziehen Sie in Seitlage das untere Bein so weit wie möglich an die Brust.
- Fassen Sie nun den Fußspann des oberen Beines und fixieren Sie die Ferse in der Endposition am Gesäß.
- Führen Sie den Oberschenkel des oben liegenden Beines langsam nach hinten und schieben Sie die Hüfte gleichzeitig nach vorne, bis Sie eine Dehnungsspannung in den Hüftbeugern und in der Oberschenkelvorderseite spüren. Halten Sie diese Position 15–20 Sek. und dehnen Sie dann noch einmal 15–20 Sek. nach, indem Sie die Hüfte noch stärker nach vorne schieben.

Die Top 15 des Quadrizepsmuskels: So finden Sie die besten Übungen

Es werden für den vierköpfigen Oberschenkelmuskel (M. quadriceps femoris) zwei Top-15-Übungsranglisten erstellt. Dies ist notwendig, weil der zweigelenkige gerade Schenkelmuskel und die eingelenkigen Muskelanteile des Quadrizeps (vgl. Anatomische Grundlagen S. 51) z. T. sehr unterschiedlich auf die verschiedenen Kraftübungen reagieren. Die Berücksichtigung dieser Unterschiede ist für ein optimales Training aller Anteile des Quadrizepsmuskels von entscheidender Bedeutung.

Top 15: Oberschenkelvorderseite, innerer und äußerer Schenkelmuskel

Rang	Übung	x̄ R
1	Beinpressen horizontal, Kniegelenkwinkel (KGW) 50° (S. 66)	4,1
2	Hackenschmidt-Kniebeuge, KGW 80° (S. 70)	4,3
3	Beinpressen horizontal, KGW 90° (S. 66)	5,5
4	Beinpressen im Sitz, Rückenlehne 75°; KGW 90° (S. 68)	6,4
5	Beinpressen nach oben in Rückenlage, KGW 90° (S. 69)	6,6
6	Beinpressen an der 45°-Maschine, KGW 90° (S. 69)	7,1
7	Kniebeuge mit der Langhantel, KGW 90° (S. 71)	7,2
8	Kniebeuge mit der Langhantel, KGW 70° (S. 71)	7,3
9	Einbeinkniebeuge, Bankhöhe 60 cm, KGW 70° (S. 74)	7,4
10	Einbeinkniebeuge am Boden, Gewichtsverteilung 80/20 (S. 75)	7,8
11	Beinpressen im Sitz, Rückenlehne 45°, KGW 90° (S. 68)	8,1
12	Beinstrecken an der Maschine im Sitzen (S. 79)	9,4
13	Kreuzheben (S. 78)	11,4
14	Beinheben einbeinig im Stand mit gestrecktem Bein und Endkontraktionen (S. 84)	13,3
15	Leg-Kick kombiniert mit Hüftbeugen am Kabelzug (S. 82)	13,4

EMG-Rangliste von 15 Übungen für den inneren und äußeren (eingelenkigen) Anteil des vierköpfigen Oberschenkelmuskels nach dem durchschnittlichen Rangplatz (x̄ R); n=10; KGW = Kniegelenkwinkel

Kommentar zur Rangliste

- x̄ R gibt den Mittelwert der individuellen Rangplätze der 10 Probanden an. Die Übung auf Platz 1 der Rangliste hat den kleinsten durchschnittlichen Rangplatz (x̄ R) und führt zur intensivsten Muskelkontraktion; sie ist somit die effektivste Übung für diesen Muskelanteil.
- Die folgende graphische Darstellung der durchschnittlichen Rangliste x̄ R macht die Intensitätsunterschiede der 15 Übungen deutlich.

Muskulatur der Oberschenkelvorderseite

- Die Intensität der Muskelspannung nimmt von Übung 1 bis 15 ab. Je größer der Intensitätsabfall von einer Übung zur nächsten ausfällt, desto stärker unterscheiden sich die Übungen hinsichtlich ihrer Effektivität. Ein großer Intensitätsabfall besteht von Übung 2 zu 3, 11 zu 12, 12 zu 13, 13 zu 14.
  Übungen mit nahe beieinander liegenden Rangplätzen weisen dagegen etwa gleiche Intensitäten auf. Sie sind deshalb als nahezu gleichwertig anzusehen und können im Training alternativ eingesetzt werden. Dies gilt für die Übungen 1 und 2, 4 und 5, 6 – 11, 14 und 15.
- Die Übungen auf den ersten beiden Plätzen der Rangliste, das tiefe Beinpressen horizontal (Kniegelenkwinkel 50°) und die Hackenschmidt-Kniebeuge, sind die Top-Übungen für das Training der eingelenkigen Muskelanteile der Oberschenkelvorderseite. Sie sind mindestens 10 – 15 % intensiver als die folgenden Kniebeugevarianten.
- Die Übungen auf den Plätzen 3 – 12 liegen alle in einem sehr ähnlichen Intensitätsbereich (innerhalb eines EMG-Messbereichs von nur ca. 100 µV). Sie können im Training weitgehend alternativ eingesetzt werden, ohne dass große Effektivitätsunterschiede eintreten dürften.
- Die Übungen auf den Plätzen 14 und 15 fallen deutlich ab. Sie sind Spezialübungen für den zweigelenkigen Anteil des Quadrizepsmuskels und sind für die eingelenkigen Muskelanteile nicht effektiv.
- Die Top-15-Rangliste enthält keine Hinweise zur Funktionalität und keine zielgruppenspezifischen Empfehlungen für oder gegen einzelne Übungen. Diese wichtigen Informationen folgen in der Beschreibung der Übungsgruppen und der einzelnen Übungen.

Top 15: Oberschenkelvorderseite, gerader Schenkelmuskel

Rang	Übung	x̄ R
1	Leg-Kick kombiniert mit Hüftbeugen am Kabelzug (S. 82)	1,5
2	Hackenschmidt-Kniebeuge, Kniegelenkwinkel (KGW) 80° (S. 70)	4,0
3	Beinheben einbeinig im Stand mit gestrecktem Bein und Endkontraktionen (S. 84)	4,2
4	Kniebeuge mit der Langhantel, KGW 70° (S. 71)	6,0
5	Beinpressen horizontal, KGW 50° (S. 66)	6,2
6	Beinstrecken an der Maschine (S. 79)	6,3
7	Kniebeuge mit der Langhantel KGW 90° (S. 71)	8,0
8	Einbeinkniebeuge, Bankhöhe 60 cm, KGW 70° (S. 74)	8,3
9	Beinpressen horizontal, KGW 90° (S. 66)	8,9
10	Einbeinkniebeuge am Boden, Gewichtsverteilung 80/20 (S. 75)	10,1
11	Beinpressen im Sitz, Rückenlehne 75°, KGW 90° (S. 68)	10,2
12	Beinpressen nach oben in Rückenlage, KGW 90° (S. 69)	10,4
13	Beinpressen an der 45°-Maschine, KGW 90° (S. 69)	10,7
14	Beinpressen im Sitz, Rückenlehne 45°, KGW 90° (S. 68)	11,1
15	Kreuzheben (S. 78)	13,8

EMG-gestützte Rangliste von 15 Übungen für den geraden Schenkelmuskel (zweigelenkiger Anteil des vierköpfigen Oberschenkelmuskels) nach dem durchschnittlichen Rangplatz (x̄ R), n = 10; KGW = Kniegelenkwinkel

Kommentar zur Rangliste

- Die folgende graphische Darstellung der durchschnittlichen Rangliste (x̄ R) macht die Intensitätsunterschiede der 15 Übungen deutlich.
- Die Intensität der Muskelspannung nimmt von Übung 1 bis 15 ab. Je größer der Intensitätsabfall von einer Übung zur nächsten ausfällt, desto

Muskulatur der Oberschenkelvorderseite

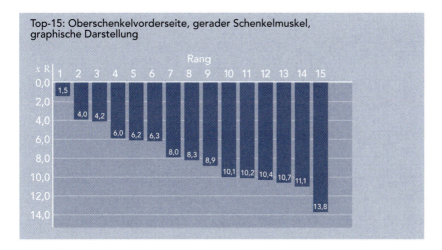

Top-15: Oberschenkelvorderseite, gerader Schenkelmuskel, graphische Darstellung

stärker unterscheiden sich die Übungen hinsichtlich ihrer Effektivität. Ein großer Intensitätsabfall besteht von Übung 1 auf 2, 3 auf 4, 6 auf 7, 9 auf 10, 14 auf 15.

Übungen mit nahe beieinander liegenden Rangplätzen weisen dagegen etwa gleiche Intensitäten auf. Sie sind deshalb als nahezu gleichwertig anzusehen und können im Training alternativ eingesetzt werden. Dies gilt für die Übungen 2 und 3, 4–6, 7–9, 10–14.

- Die Übung auf Platz 1, Leg-Kick kombiniert mit Hüftbeugen am Kabelzug, ist mit Abstand die effektivste Trainingsübung für den zweigelenkigen Anteil des Quadrizepsmuskels. Diese Spezialübung erzeugt etwa um 30 % höhere Muskelspannungen als die nachfolgende Übung.
- Die Übung auf Platz 3, Beinheben einbeinig im Stand mit gestrecktem Bein und Endkontraktionen, ist ebenfalls eine Spezialübung für den zweigelenkigen Muskelanteil, allerdings ohne Zusatzgewicht.
- Die Hackenschmidt-Kniebeuge (2), die Kniebeuge mit der Langhantel (4) und das Beinpressen horizontal (5) erweisen sich als beste Komplexübungen für den gesamten Quadrizeps, da sie in beiden Ranglisten vordere Plätze erreichen.
- Die Intensität der Übungen auf den Plätzen 4–6, 7–9 und 10–14 verringert sich von Gruppe zu Gruppe geringfügig; dennoch liegen alle in einem ähnlichen Intensitätsbereich (EMG-Messbereich von ca. 100 μV). Sie können im Training alternativ eingesetzt werden.
- Die Übung Kreuzheben liegt in beiden Ranglisten am Ende und ist somit die am wenigsten effektive Übung für die Muskulatur der Oberschenkelvorderseite.

Übersicht: Top-15-Quadrizeps-Übungen im Bild

1. Beinpressen horizontal, Kniegelenkwinkel 50°

2. Hackenschmidt-Kniebeuge, Kniegelenkwinkel 80°

3. Beinpressen horizontal, Kniegelenkwinkel 90°

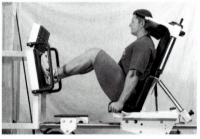

4. Beinpressen im Sitz, Rückenlehne 75°, Kniegelenkwinkel 90°

Muskulatur der Oberschenkelvorderseite 61

5. Beinpressen nach oben, in Rückenlage

6. Beinpressen an der 45°-Maschine, Kniegelenkwinkel 90°

7. Kniebeuge mit der Langhantel, Kniegelenkwinkel 90°

8. Kniebeuge mit der Langhantel, Kniegelenkwinkel 70°

9. Einbeinkniebeuge, Bankhöhe 60 cm, Kniegelenkwinkel 70°

10. Einbeinkniebeuge am Boden, Gewichtsverteilung 80/20

11. Beinpressen im Sitz, Rückenlehne 45°, Kniegelenkwinkel 90°

12. Beinstrecken an der Maschine im Sitzen

13. Kreuzheben

14. Beinheben einbeinig im Stand mit gestrecktem Bein und Endkontraktionen

15. Leg-Kick kombiniert mit Hüftbeugen am Kabelzug

Muskulatur der Oberschenkelvorderseite

Die Übungen: Das Beste für Ihre vordere Oberschenkelmuskulatur

Die Übungen für den Quadrizepsmuskel werden aufgrund struktureller Merkmale in drei Übungsgruppen eingeteilt.

1. Kniebeuge, Beinpressen, Kreuzheben (mehrgelenkige Komplexübungen)

2. Beinstrecken (eingelenkige Übung, die den Quadrizeps isoliert trainiert)

3. Spezialübungen für den zweigelenkigen geraden Schenkelmuskel

Beinpressen, Kniebeuge, Kreuzheben

Beinpressen, Kniebeuge und Kreuzheben sind wichtige Basiskraftübungen mit komplexer Wirkung für die Muskeln der Streckschlinge: die Oberschenkelvorderseite, den unteren Rücken und die Gesäßmuskulatur. Sie gehören zu den «Big Four» des Krafttrainings: Kniebeuge, Bankdrücken, Kreuzheben, Klimmziehen, die als wichtigste muskelaufbauende Komplexübungen angesehen werden.

Das Wichtigste im Überblick

EFFEKTIVITÄT

- Die Hackenschmidt-Kniebeuge und das Beinpressen sind Übungen, die aufgrund der guten Stabilisierung des Körpers in den Maschinen die Bewältigung hoher Zusatzlasten ermöglichen. Deshalb sind sie die intensivsten Übungen für die eingelenkigen Quadrizepsanteile (innerer, mittlerer und äußerer Schenkelmuskel). Da sie auch beim zweigelenkigen geraden Schenkelmuskel vordere Plätze (2, 5) erreichen, gehören sie zusätzlich zu den besten Komplexübungen für die Muskeln der Oberschenkelvorderseite.
- Die Kniebeuge mit der Langhantel bietet keine externen Stabilisierungshilfen und stellt höhere technische Anforderungen. Dies macht sie für Anfänger ungeeignet. Für die eingelenkigen Quadrizepsanteile erreicht die Übung die Mittelplätze 7 und 8 (vgl. S. 56), für den geraden Schenkelmuskel die guten Platzierungen 4 und 7 (vgl. S. 58), wobei sich die tiefe Kniebeuge hier als effektiver erweist.
- Die Effektivität der beiden Varianten der Einbeinkniebeuge hängt stark vom Körpergewicht des Übenden ab. Diese hervorragende Heimübung belegt selbst bei den normalgewichtigen, gut trainierten Sportstudierenden gute Plätze zwischen 8 und 10 und lässt mehrere Übungen mit Zusatzgewichten hinter sich.
- Das Kreuzheben, eine Disziplin des Kraftdreikampfs, landet in der Top-15-Rangliste ganz am Ende (Plätze 13 und 15). Bei dieser ausgezeichneten Ganzkörperübung übernimmt die Rückenmuskulatur große Teile der Last, sodass die Oberschenkelvorderseite weniger stark aktiviert wird.

BESONDERHEITEN

- Die eingelenkigen Anteile und der zweigelenkige Anteil des Quadrizeps werden durch unterschiedliche Übungen optimal trainiert. Dies zeigen die beiden unterschiedlichen Top-15-Übungsranglisten (vgl. S. 56 und S. 58).
- Bei den eingelenkigen Anteilen (vgl. S. 56) hängt die Übungseffektivität vor allem von den aufgelegten Gewichten ab. Übungen wie das Beinpressen an der Maschine oder die maschinengeführte Hackenschmidt-Kniebeuge ermöglichen die Bewältigung der größten Lasten und stehen deshalb in den Ranglisten weit oben.
- Bei dem zweigelenkigen geraden Schenkelmuskel (vgl. S. 58) ist außer der

Muskulatur der Oberschenkelvorderseite

Zusatzlast (vgl. Hackenschmidt-Kniebeuge auf dem 2. Rangplatz) vor allem die Berücksichtigung der anatomischen Funktionen, das Strecken des Kniegelenks und das Beugen des Hüftgelenks von Bedeutung (vgl. Plätze 1 und 3 der Spezialübungen). Leider gibt es bisher für diese Bewegung, die einem Fußballschuss ähnelt, noch keine optimale Kraftmaschine.

- Alle freien Kniebeugevarianten mit Zusatzlast sind koordinativ anspruchsvolle Übungen und deshalb für Anfänger und Gelegenheitstrainierende ungeeignet. Bei technisch falscher Ausführung besteht vor allem für die Lendenwirbelsäule ein Verletzungsrisiko («Sichverheben» bis Bandscheibenvorfall). Für Fortgeschrittene und Leistungssportler mit guter Technik ist die Kniebeuge mit der Langhantel jedoch eine empfehlenswerte und effektive Komplexübung.
- Das Beinpressen und die Einbeinkniebeuge ohne Zusatzgewicht sind für die meisten Personen die risikolosesten, effektivsten und empfehlenswertesten Übungen.
- Halbe oder tiefe Kniebeuge
Häufig wird die tiefe Kniebeuge aufgrund der angenommenen hohen Belastungen der Kniegelenkstrukturen (Knorpel, Bänder, Sehnen, Muskeln) abgelehnt und eine nicht tiefe (halbe) Kniebeuge empfohlen. Eine genauere Analyse insbesondere der Verteilung der Kompressionskräfte verlangt jedoch eine differenziertere Betrachtung (vgl. Boeckh-Behrens/Buskies 2002). Für die Praxis können folgende Richtlinien gelten:
    - Erfahrungen aus der Praxis des Hochleistungssports und des gesundheitsorientierten Fitnesstrainings zeigen, dass ein Training der tiefen Kniebeuge bei korrekter technischer Ausführung und allmählicher Gewöhnung an tiefe Kniegelenkwinkel bei gesunden Personen kein größeres Gesundheitsrisiko beinhaltet als ein Training von Teilkniebeugevarianten.
    - Ebenso wie bei allen anderen Trainingsübungen gilt auch bei Kniebeugevarianten der Grundsatz, dass bei auftretenden Schmerzen oder Beschwerden eine Veränderung der Übung vorgenommen werden muss (z. B. weniger Gewicht oder/und größerer Kniegelenkwinkel) oder auf eine andere Übung zurückgegriffen wird.

ALLGEMEINE ÜBUNGSAUSFÜHRUNG

- Nehmen Sie eine etwa schulterbreite, parallele oder leicht nach außen zeigende Fußstellung ein. Hüft-, Knie- und oberes Sprunggelenk sollen

eine Linie bilden, und das Knie sollte genau über dem Vorderfuß stehen (korrekte Knie-Fuß-Einstellung).
- Der Körperschwerpunkt ruht über der Mitte des Fußes, die ganze Sohle ist belastet, und die Ferse darf nicht angehoben werden. Dadurch wird beim Tiefgehen ein zu weites Schieben der Knie nach vorn verhindert. Falls Sie die Fersen mit einem dünnen Brett oder Hantelscheiben unterlegen müssen, um eine tiefe Kniebeuge ohne Abheben der Fersen ausführen zu können, werden die Knie weiter nach vorn geschoben, was die Kniebelastung erhöht.
- Halten Sie bei den Kniebeugeübungen in den Umkehrpunkten der Bewegung die muskuläre Spannung aufrecht. Vermeiden Sie ein «In-die-Bänder-Hängen» in der tiefsten Kniebeugestellung, weil in diesem Fall die Last allein vom passiven Bewegungsapparat getragen wird.
- Atmen Sie beim Strecken des Körpers aus und vermeiden Sie Pressatmung.
- Die Muskeln der Oberschenkelvorderseite benötigen für ein effektives Training in der Regel hohe Zusatzgewichte. Ein hohes Gewicht stellt immer auch für die Wirbelsäule eine große Belastung und ein erhöhtes Verletzungsrisiko dar. Bei Übungen mit Gewichten müssen Sie deshalb die technisch korrekte Ausführung mit geradem Rücken beachten. Die Übung Einbeinkniebeuge ohne Zusatzgewicht stellt eine gute Alternative dar, um Ihre Beinmuskulatur effektiv zu trainieren, ohne Ihren Rücken zu belasten.

Die Übungen im Detail

Horizontales Beinpressen

Horizontales Beinpressen 50°

Horizontales Beinpressen 90°

Muskulatur der Oberschenkelvorderseite 67

EFFEKTIVITÄT

- Das horizontale Beinpressen (Rangplatz 1) und die Hackenschmidt-Kniebeuge (Rangplatz 2) sind die Top-Übungen für die eingelenkigen Anteile der vorderen Oberschenkelmuskulatur (s. S. 56). Beide Übungen aktivieren auch den zweigelenkigen Anteil der Oberschenkelvorderseite, den geraden Schenkelmuskel, sehr stark (Plätze 2 und 5). Sie sind daher auch die besten Komplexübungen für alle Anteile der vorderen Oberschenkelmuskulatur.
  Eine tiefe Kniebeuge (Kniegelenkwinkel 50°) ist dabei etwas effektiver als eine halbe Kniebeuge (Kniegelenkwinkel 90°).
- Die Fußstellung, Füße parallel oder Fußspitzen 30° nach außen gedreht, hat keinen Einfluss auf die Aktivierung der einzelnen Muskelanteile der Oberschenkelvorderseite.
- Das Beinpressen ist vor allem in tiefer Ausführung eine hervorragende Komplexübung, bei der zusätzlich vor allem aufgrund der Stabilisationsspannung der untere Rückenstrecker stark und der große Gesäßmuskel mittelintensiv mitaktiviert werden. In tiefer Kniegelenkstellung und bei leicht nach außen gedrehten Füßen kommt es zusätzlich zu einer mittleren Zusatzaktivierung der Adduktoren.

ÜBUNGSAUSFÜHRUNG

- Legen Sie sich in die Kraftmaschine und setzen Sie die Füße etwa schulterbreit auf das Stemmbrett. Sie können die Füße parallel oder leicht nach außen gedreht aufsetzen. Drücken Sie die Knie etwas nach außen, damit sie in einer Linie über den Fußspitzen stehen (Knie-Fuß-Einstellung). Die ganze Fußsohle ist aufgesetzt.
- Stabilisieren Sie Ihren Körper, indem Sie die Haltegriffe umfassen und die Rumpfmuskulatur anspannen.
- Beugen und strecken Sie nun die Beine, wobei Sie in der Streckphase die Knie nicht ganz durchdrücken. Die Fersen bleiben während der gesamten Bewegung aufgesetzt.
- Es ist günstig, wenn Sie nach der Beanspruchung nicht sofort aufstehen, sondern noch einige Sekunden liegen bleiben. Ein abruptes Aufstehen nach intensiver Beanspruchung kann leicht zu einem kurzzeitigen Schwindelgefühl führen.

Beinpressen im Sitz

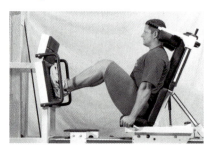 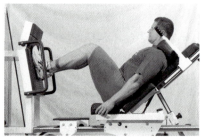

Beinpressen im Sitz

EFFEKTIVITÄT
- Die Aktivierung der vorderen Oberschenkelmuskulatur ist beim Beinpressen im Sitz (Rangplatz 4) ca. 10–15 % geringer als bei den beiden Top-Übungen. Dennoch ist die Übung immer noch sehr effektiv.
- Die Zusatzaktivierung des großen Gesäßmuskels ist bei dieser Übung größer als beim horizontalen Beinpressen, da in dieser Ausgangsstellung in der Regel aus einem kleineren Hüftgelenkwinkel trainiert wird.
- Die Aktivierung des unteren Rückenstreckers ist hingegen geringer als beim horizontalen Beinpressen.

ÜBUNGSAUSFÜHRUNG
- Setzen Sie sich mit etwa schulterbreiter paralleler Fußstellung in die Kraftmaschine. Drücken Sie die Knie etwas nach außen, damit diese in einer Linie über den Fußspitzen stehen (Knie-Fuß-Einstellung). Die ganze Fußsohle ist aufgesetzt.
- Stabilisieren Sie Ihren Körper, indem Sie die Haltegriffe umfassen und die Rumpfmuskulatur anspannen.
- Beugen und strecken Sie nun die Beine, wobei Sie in der Streckphase die Knie nicht ganz durchdrücken. Die Fußsohlen bleiben während der gesamten Bewegung vollständig aufgesetzt.

HINWEIS
- Personen mit Beschwerden im unteren Rücken beim horizontalen Beinpressen können beim Beinpressen im Sitz häufig beschwerdefrei trainieren. Das Beinpressen im Sitz ist deshalb den Personen zu empfehlen, die den Kompressionsdruck beim horizontalen Beinpressen als unange-

Muskulatur der Oberschenkelvorderseite 69

nehm oder schmerzhaft empfinden (Rückenschmerzen im unteren Rücken oder Schmerzen durch den starken Druck der Polster auf die Schultern).

Beinpressen an der 45°-Maschine

45°-Beinpressen

Beinpressen nach oben in Rückenlage

Beinpressen nach oben in Rückenlage

EFFEKTIVITÄT

- Die Aktivierung der eingelenkigen Quadrizepsanteile ist beim Beinpressen an der 45°-Maschine (Rangplatz 6, vgl. S. 56) bzw. beim Beinpressen nach oben in Rückenlage (Rangplatz 5) noch sehr hoch, jedoch deutlich geringer als beim horizontalen Beinpressen.
- Die Zusatzaktivierung des großen Gesäßmuskels ist bei beiden Übungen etwas größer als beim horizontalen Beinpressen, aber etwas geringer als beim Beinpressen im Sitz (vgl. S. 24, 25).

ÜBUNGSAUSFÜHRUNG

- Legen Sie sich mit etwa schulterbreiter paralleler Fußstellung in die 45°-Beinpresse. Drücken Sie die Knie etwas nach außen, damit Sie in einer Linie über den Fußspitzen stehen (Knie-Fuß-Einstellung). Die ganze Fußsohle ist aufgesetzt.
- Stabilisieren Sie Ihren Körper, indem Sie die Haltegriffe umfassen und die Rumpfmuskulatur anspannen.
- Beugen und strecken Sie nun die Beine, wobei Sie in der Streckphase die Knie nicht ganz durchdrücken. Die Fußsohlen bleiben während der gesamten Bewegung vollständig aufgesetzt.
- Um eine Gefährdung des unteren Rückens zu vermeiden, darf in der Beugephase das Gewicht nur so weit abgesenkt werden, dass der untere Rücken noch vollständig auf der Polsterung aufliegt. Ansonsten besteht eine erhebliche unfunktionelle Belastung des unteren Rückens mit Verletzungsgefahr.

Die Hackenschmidt-Kniebeuge

EFFEKTIVITÄT

- Die Hackenschmidt-Kniebeuge (Rangplatz 2, vgl. S. 56) ist zusammen mit dem horizontalen Beinpressen (Rangplatz 1) die Top-Übung für die gesamte Muskulatur der Oberschenkelvorderseite. Sie aktiviert nicht nur die eingelenkigen Anteile optimal, sondern nimmt auch beim zweigelenkigen Anteil, dem geraden Schenkelmuskel, hinter der Spezialübung Leg-Kick einen Spitzenplatz (Rangplatz 2) ein.

ÜBUNGSAUSFÜHRUNG

- Stellen Sie sich schulterbreit unter die Schulterpolster, der Rücken ist gerade und liegt komplett an der Rückenlehne an. Beachten Sie eine gerade Knie-Fuß-Einstellung. Die Hände fassen die Haltegriffe.

Muskulatur der Oberschenkelvorderseite

- Spannen Sie die Rumpfmuskulatur an und führen Sie kontrollierte Kniebeugebewegungen durch. In der Streckphase werden die Knie nicht vollständig durchgestreckt, und die Fußsohlen (Fersen) bleiben während der gesamten Bewegung vollständig aufgesetzt.

BESONDERHEITEN

- Die Hackenschmidt-Kniebeuge schont den Rücken und belastet die Kniegelenke stärker. Aufgrund der aufrechten Haltung und der guten Stabilisierung des Oberkörpers an der Rückenlehne wird der Rücken geschont und geringer belastet als bei der freien Kniebeuge mit der Langhantel. Die aufrechte Haltung des Oberkörpers macht jedoch in der tiefen Kniebeugestellung ein weites Nach-vorne-Setzen der Füße auf dem Stemmbrett bzw. ein weites Nach-vorne-Schieben der Knie notwendig. Dadurch erhöht sich die Belastung der Kniegelenke.

Kniebeuge mit der Langhantel

Kniebeuge mit der Langhantel   Front-Kniebeuge

Kniebeuge an der Multipresse   Einbeinkniebeuge
                                    an der Multipresse

EFFEKTIVITÄT

- Die Kniebeuge mit Langhantel erreicht eine hohe Aktivierung aller Teile der Oberschenkelvorderseite (Rangplatz 7). Sie ist aber deutlich weniger effektiv als das horizontale Beinpressen bzw. die Hackenschmidt-Kniebeuge. Der Grund hierfür dürfte vor allem in den fehlenden externen Stabilisierungshilfen und einer schwierigen Bewegungstechnik liegen. Die Kniebeuge mit der Langhantel besitzt in der Trainingspraxis leistungsorientierter Athleten vieler Sportarten einen hohen Stellenwert, weil sie eine hervorragende Komplexübung ist. Gut trainierte Athleten mit korrekter Bewegungstechnik, die ein Kniebeugetraining mit hohen Lasten gewöhnt sind, erzielen möglicherweise mit dieser Übung auch eine höhere Aktivierung des Quadrizeps.
- Eine tiefe Ausführung ist für den geraden Schenkelmuskel effektiver als eine weniger tief ausgeführte Variante.
- Die Kniebeuge mit der Langhantel ist eine hervorragende Komplexübung, die zusätzlich noch den großen Gesäßmuskel mittelintensiv und den unteren Rückenstrecker hocheffektiv mittrainiert.

ÜBUNGSAUSFÜHRUNG

- Stellen Sie sich etwa schulterbreit hin, die Füße zeigen parallel nach vorne oder leicht nach außen, wodurch das Tiefgehen etwas erleichtert wird. Allzu weit nach außen zeigende Fußspitzen führen aber zu einer erhöhten Belastung der Iliosacralgelenke (Gelenk zwischen Darmbein und Kreuzbein).
- Das Gewicht ist auf den ganzen Fuß verteilt. Halten Sie den Rücken gerade, indem Sie das Becken kippen und das Gesäß etwas nach hinten herausstrecken; spannen Sie die Rückenmuskulatur an und richten Sie Ihren Blick geradeaus.
- Achten Sie darauf, dass die Knie beim Tiefgehen über den Füßen sind (keine X-Beine) und dass Sie auch im tiefsten Punkt der Bewegung (Umkehrpunkt) die Muskelspannung aufrechterhalten. Vermeiden Sie ein passives «Hängen» im Bandapparat.
- Die Ausführung der Kniebeuge sollte den individuellen Körperbaumaßen und der Beweglichkeit im Sprunggelenk angepasst werden. Personen mit kurzen Oberschenkeln und langem Oberkörper sowie guter Beweglichkeit in den Sprunggelenken können in der Regel auch bei tiefer Ausführung den Rücken aufrecht halten. Personen mit langen Oberschenkeln, kurzem Oberkörper und eingeschränkter Beweglichkeit in

Muskulatur der Oberschenkelvorderseite

den Sprunggelenken müssen sich bei der tiefen Kniebeuge weit nach vorne beugen. Dies führt zu einer verstärkten Belastung des unteren Rückens. In diesem Fall ist eine halbe Kniebeuge oder das horizontale Beinpressen vorzuziehen. Bei genauer Beobachtung der Ausführung einer tiefen Kniebeuge gibt es einen Punkt, an dem der Kniewinkel unverändert bleibt und nur noch der Hüftwinkel kleiner wird. An diesem Punkt, der u. a. von dem Verhältnis Oberschenkellänge zu Rumpflänge abhängt und von der Körpergröße unabhängig ist, sollte das Tiefgehen beendet werden.

- Je weniger die Knie gebeugt werden, desto höhere Gewichte können bewältigt werden.
- Varianten sind die Frontkniebeuge und die Kniebeuge an der Multipresse.

HINWEIS

- Das Heben und Senken von schweren Lasten ist im Sport und im Alltagsleben gleichermaßen von Bedeutung. Deshalb ist das Erlernen dieser Bewegungsabläufe ohne oder mit leichten Gewichten und gegebenenfalls verringerter Hubhöhe empfehlenswert. Im präventiven und rehabilitativen Training gegen Rückenschmerzen ist das rückengerechte Heben (Kreuzheben) ein wichtiges Ziel. Allerdings sind die korrekten Techniken der Kniebeuge und des Kreuzhebens schwierig und bedürfen einer gewissenhaften Schulung. Bei falscher technischer Ausführung kann es vor allem zu Verletzungen des unteren Rückens kommen («Verheben» bis Bandscheibenvorfall).
- Aufgrund der erhöhten technischen Anforderungen und der Verletzungsgefahr bei fehlerhafter Technik (vor allem des unteren Rückens) sollten die Kniebeuge und das Kreuzheben mit schweren Lasten Fortgeschrittenen und Leistungssportlern vorbehalten bleiben. Es gelten die vorher genannten Technikhinweise.
- Der Einsatz eines Hebergürtels zum Schutz des unteren Rückens ist bei schweren Gewichten häufig sinnvoll. Beim Einsatz leichter Gewichte kann es empfehlenswert sein, ohne Gürtel zu trainieren, um die Rückenmuskulatur durch Haltearbeit zu kräftigen.

Einbeinkniebeuge

mit Gewicht

EFFEKTIVITÄT

- Die Einbeinkniebeuge erhöht (Rangplatz 9) oder auf dem Boden ist eine effektive Kräftigungsübung ohne Geräteeinsatz. Je höher das Körpergewicht ist, desto größer ist die Belastung. Die Aktivierung für die Oberschenkelvorderseite ist aber deutlich niedriger als bei den Top-Übungen Horizontales Beinpressen und Hackenschmidt-Kniebeuge.
- Sie können die Effektivität sowohl durch Zusatzgewichte (z. B. Kurzhantel in einer Hand, Gürtel mit Gewichtsscheibe, Sandsack) als auch durch eine tiefe Ausführung erhöhen.
- Eine Erleichterung der Übung und somit Reduzierung der Intensität ist gegeben, wenn Sie eine geringere Kniebeugung durchführen bzw. die Bewegung durch Zug der Arme oder Hilfe des Spielbeins unterstützen.
- Bei tiefer Ausführung findet sich zusätzlich eine mittelintensive Aktivierung des großen Gesäßmuskels.

ÜBUNGSAUSFÜHRUNG

- Steigen Sie auf eine Bank (Stuhl, Stufe, Podest) und sichern Sie Ihr Gleichgewicht durch Handfixierung.
- Beugen Sie das Trainingsbein und setzen Sie das freie Bein möglichst früh am Boden auf.
- Achten Sie während der Übungsausführung darauf, dass der Fuß des Trainingsbeins immer mit der ganzen Sohle aufsteht und die Knie-Fuß-Einstellung (Knie steht über dem Fuß) korrekt ist.
- Halten Sie während des gesamten Bewegungsablaufs – vor allem auch am Umkehrpunkt – die Muskelspannung aufrecht.
- Behalten Sie in der Streckphase des Trainingsbeins mit dem Spielbein so lange wie möglich leichten Bodenkontakt.

Muskulatur der Oberschenkelvorderseite

HINWEIS

- Insbesondere bei der Einbeinkniebeuge ist die Bewegungsausführung mit sehr kleinem Kniewinkel in der Regel unproblematisch, da im Gegensatz zum Training an der Maschine bzw. Langhantel hierbei in der tiefen Hockposition die Belastung durch Zug der Arme bzw. Unterstützung des freien Beines erleichtert werden kann. Mit zunehmend größerer Kniewinkelstellung kann die Unterstützung reduziert werden.

Einbeinkniebeuge auf dem Step   Einbeinkniebeuge am Boden 80/20   Einbeinkniebeuge am Boden 60/40

ÜBUNGSAUSFÜHRUNG EINBEINKNIEBEUGE, AUF DEM STEP ODER AM BODEN

- Verlagern Sie in der Schrittstellung das Körpergewicht fast vollständig auf das vordere Bein. Setzen Sie den Fuß des hinteren Beines etwa hüftbreit versetzt auf und drehen Sie die Fußspitze etwas nach innen. So können Sie das Gleichgewicht besser halten.
- Beugen und strecken Sie jetzt das vordere Bein gleichmäßig, ohne dass die Ferse abgehoben wird (Druck auf die Ferse). Im tiefsten Beugepunkt berührt das Knie des hinteren Beines den Boden auf Höhe der Ferse des Standbeines (Gewichtsverteilung 80/20).
- Sie können die Intensität der Übung verringern, indem Sie das Körpergewicht stärker auf beide Beine verteilen. Dies erreichen Sie durch eine weite Schrittstellung und das Aufsetzen des Knies des hinteren Beines deutlich hinter dem Knie des Trainingsbeines (Gewichtsverteilung 60/40).

ÜBUNGSAUSFÜHRUNG AUSFALLSCHRITT

■ Führen Sie aus dem Stand einen weiten Schritt nach vorn in die Ausfallschrittposition durch, bremsen Sie das Körpergewicht ab und kehren Sie durch dynamisches Strecken des vorderen Beines wieder in die Ausgangsstellung zurück. Beachten Sie dabei eine gerade Knie-Fuß-Einstellung. Die Übung kann auch zur Seite als seitlicher Ausfallschritt durchgeführt werden.

Dynamischer Ausfallschritt vorwärts

Ausfallschritt mit 2 Kurzhanteln, frontal

■ Sie können die Übungsausführung durch mehr Dynamik, tiefe Ausführung oder Zusatzgewichte auf den Schultern bzw. Kurzhanteln in den Händen erhöhen bzw. durch geringere Dynamik und Weite des Ausfallschritts bzw. Stütz der Hände auf den Oberschenkel verringern.

HINWEIS

Aufgrund der kurzzeitigen, starken exzentrischen Beanspruchung (Abbremsbewegung) tritt zu Trainingsbeginn häufig Muskelkater auf. Die Übung sollte deshalb in der oben beschriebenen dynamischen Ausführung mit kleinen Schritten begonnen werden.

Muskulatur der Oberschenkelvorderseite

Beidbeinige Kniebeuge ohne Gewicht

Kniebeuge, Arme nach vorne gestreckt

Kniebeuge, Stabilisierung durch Griff der Hände am Stuhl

EFFEKTIVITÄT
- Da kein Zusatzgewicht verwendet wird, ist die Aktivierung vergleichsweise gering. Die Übung ist daher nur bei Trainingsanfängern wirksam oder als Aufwärmübung bzw. bei einer langsamen, ununterbrochenen Durchführung von z. B. 60 Sekunden empfehlenswert.

ÜBUNGSAUSFÜHRUNG
- Stellen Sie sich mit paralleler, schulterbreiter Fußstellung hin und strecken Sie die Arme nach vorne oder legen Sie die Hände oberhalb der Knie auf oder halten Sie sich mit den Händen an einer Sprossenwand, Stuhllehne, Türgriff o. Ä. fest.
- Beugen und Strecken Sie jetzt die Beine im Wechsel. Achten Sie darauf, dass die Knie genau über den Füßen stehen (Knie-Fuß-Einstellung) und dass Sie beim Tiefgehen die Fersen nicht vom Boden heben.

Kreuzheben

Kreuzheben mit Langhantel   Kreuzheben mit einer Kurzhantel

EFFEKTIVITÄT

- Das Kreuzheben (Rangplatz 13) aktiviert die Oberschenkelvorderseite im Vergleich zu den anderen Beinübungen relativ gering. Bei Top-Athleten, z. B. Kraftdreikämpfern, kann dies aufgrund der großen bewältigten Lasten möglicherweise anders sein.
- Insgesamt ist das Kreuzheben eine gute Komplexübung, die zusätzlich auch die Gesäßmuskulatur, den oberen Teil des Trapezmuskels und vor allem den unteren Rücken aktiviert. Für die meisten Trainierenden dürfte es sich beim Kreuzheben primär um eine Rückenübung und nicht um eine Spezialübung zur Kräftigung der Oberschenkelvorderseite handeln.

ÜBUNGSAUSFÜHRUNG

- Stellen Sie sich mit schulterbreiter oder breiterer Fußstellung ganz nah an die Hantel, sodass Ihre Schienbeine die Hantelstange berühren. Die Fußspitzen sind parallel oder zeigen leicht nach außen.
- Fassen Sie die Hantelstange mit langem Arm (gegebenenfalls auch im Zwiegriff wie Kraftdreikämpfer). Bei schulterbreiter Fußstellung wird ein breiter Griff gewählt, damit die Hände außerhalb der Knie die Stange greifen können; bei breiter Fußstellung wird ein enger Griff gewählt, damit die Hantel mit den Händen innerhalb der Knie gefasst werden kann (Sumo-Stil).
- Senken Sie das Gesäß ab und spannen Sie die Rückenmuskulatur an. Der Blick ist schräg nach oben gerichtet.
- Ziehen Sie das Gewicht aus den Beinen heraus mit geradem Rücken (Tendenz Hohlkreuz) möglichst nah am Körper hoch (Kontakt von Stange und Beinen).
- Strecken Sie im zweiten Teil der Bewegung das Hüftgelenk, wenn Sie die

Muskulatur der Oberschenkelvorderseite

Hantel an den Oberschenkeln hochziehen. Nehmen Sie die Schultern am Schluss leicht nach hinten.

HINWEIS
- Das Kreuzheben ähnelt in der Bewegung dem rückengerechten Alltagsverhalten beim Heben z. B. von Getränkekästen und hat deshalb einen großen Alltagswert. Ein entsprechendes Training kann z. B. mit einer senkrecht stehenden Kurzhantel erfolgen.
- Im Leistungs-Bodybuilding wird eine Variante des Kreuzhebens mit gestreckten Beinen speziell für das Training der ischiocruralen Muskulatur und des großen Gesäßmuskels durchgeführt. Vorsicht! Diese Variante gefährdet Ihren unteren Rücken, und Sie sollten sie deshalb vermeiden.

Beinstrecken

Beim Beinstrecken wird nur das Kniegelenk gestreckt (eingelenkige Übung) und der Quadrizepsmuskel isoliert trainiert im Gegensatz zu den Komplexübungen Kniebeuge, Beinpressen und Kreuzheben, bei denen eine Ganzkörperstreckung erfolgt.

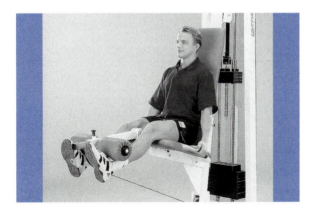

Beinstrecken

Das Wichtigste im Überblick

EFFEKTIVITÄT

- Das Beinstrecken aktiviert den geraden Schenkelmuskel (zweigelenkig), sowie den äußeren, mittleren und inneren Anteil (eingelenkig) unterschiedlich intensiv. Die Übung ist für den geraden Schenkelmuskel effektiv und empfehlenswert. Sie erreicht Platz 6 in der Top-15-Rangliste, fast gleichwertig mit den tiefen Varianten des Beinpressens (Platz 5) und der tiefen Kniebeuge mit der Langhantel (Platz 4, vgl. S. 58). Die übrigen Quadrizepsanteile werden dagegen deutlich weniger aktiviert – nur Platz 12 (vgl. S. 56).

BESONDERHEITEN

- Vorteile des Beinstreckens: Im Bodybuilding und Bodyforming wird die Übung auch zur sichtbaren Ausprägung der einzelnen Quadrizepsanteile und -einschnitte genutzt. Im Rehabilitationstraining ist sie vor allem bei Verletzungen des hinteren Kreuzbandes sinnvoll oder dann, wenn der Druck gegen die Füße verletzungsbedingt noch nicht möglich ist, z. B. bei Achillessehnenbeschwerden und Sprunggelenkverletzungen.
- Nachteile des Beinstreckens: Das Kniegelenk wird mangelhaft stabilisiert, weil die Oberschenkelrückseite als Gegenspieler der Beinstreckmuskulatur nicht angemessen aktiviert wird. Zudem werden durch die Hebelwirkung die vorderen Kniestrukturen hoch belastet. Darüber hinaus erfolgt hier die höchste Aktivierung im Gegensatz zu den meisten Alltags- und Sportbewegungen (Treppensteigen, Heben, Springen) bei gestreckten Kniegelenken.
- Im gesundheitsorientierten Fitnesstraining und in den meisten Sportarten sind die Komplexübungen Beinpressen und Kniebeuge dem Beinstrecken vorzuziehen.

ÜBUNGSAUSFÜHRUNG

- Stellen Sie den Sitz so ein, dass die Kniegelenkachse mit der Drehachse der Maschine übereinstimmt und der Rücken an der Lehne anliegt.
- Strecken Sie die Beine mit genau nach oben zeigenden Kniescheiben. Drehen Sie die Beine weder ein- noch auswärts, um Scherkräfte auf die Kniegelenke zu vermeiden.

Muskulatur der Oberschenkelvorderseite

Spezialübungen für den geraden Schenkelmuskel

Das Wichtigste im Überblick

EFFEKTIVITÄT

- Die Spezialübungen für den geraden Schenkelmuskel werden ihrer Bezeichnung vollständig gerecht. Sie sind die absoluten Top-Übungen für den zweigelenkigen geraden Schenkelmuskel (Plätze 1 und 3, vgl. S. 58), aber gleichzeitig die Flop-Übungen für die übrigen Quadrizepsanteile (Plätze 14 und 15, vgl. S. 56).

BESONDERHEITEN

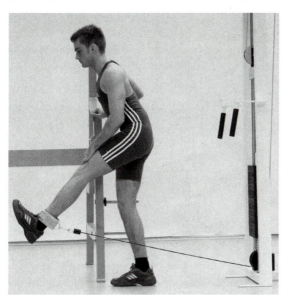

«Fußballschuss» oder Leg-Kick am Kabelzug

- Der gerade Schenkelmuskel kann optimal nur mit Spezialübungen trainiert werden, da es bisher keine Kraftmaschinen gibt, die die Kniegelenkstreckung mit der Hüftgelenkbeugung kombinieren. Obwohl bei dieser Bewegungskombination nur leichte Zusatzgewichte bewältigt werden können, werden sehr hohe Muskelspannungen des geraden Schenkelmuskels und Spitzenplätze in der Top-15-Rangliste erreicht (vgl. S. 58). Die eingelenkigen Anteile des Quadrizepsmuskels werden durch die geringen Zusatzgewichte nur unzureichend aktiviert, sodass die Spezialübungen in der Rangliste für den äußeren und inneren Anteil des Quadrizeps die letzten Plätze belegen (vgl. S. 56).

Die Übungen im Detail

Leg-Kick kombiniert mit Hüftbeugen am Kabelzug

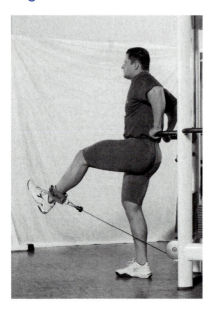

EFFEKTIVITÄT
- Der Leg-Kick kombiniert mit Hüftbeugen am Kabelzug ist die intensivste und effektivste Übung für den geraden Schenkelmuskel. Sie führt die Top-15-Rangliste mit großem Vorsprung an (vgl. S. 58) und ist ca. 30 % intensiver als die zweitplatzierte Übung Hackenschmidt-Kniebeuge.

BESONDERHEITEN
- Die konsequente Berücksichtigung der anatomischen Funktionen, die Streckung des Kniegelenks und die Beugung des Hüftgelenks sowie die Verwendung der Zusatzgewichte am Kabelzug sind die Gründe für das hervorragende Ergebnis.

Muskulatur der Oberschenkelvorderseite

ÜBUNGSAUSFÜHRUNG

- Befestigen Sie die angelegte Fußschlaufe am tiefen Kabelzug und stabilisieren Sie Ihren Körper durch festen Halt mit beiden Händen.
- Heben Sie den Oberschenkel so hoch wie möglich an und halten Sie ihn in etwa waagerechter Position mit eigener Kraft (= Beugung des Hüftgelenks, isometrische Muskelspannung des geraden Schenkelmuskels).
- Strecken Sie nun das Kniegelenk vollständig, sodass das gestreckte Bein in etwa waagerecht ist. Beugen und strecken Sie das Kniegelenk, wobei Sie das am Kabelzug eingestellte Gewicht bewegen. Betonen Sie jeweils die Streckposition des Beines (= zusätzliche dynamische Streckung des Kniegelenks).
- Versuchen Sie zusätzlich das Becken zu kippen (gerader Rücken). Dadurch intensivieren Sie die Übung.

HINWEIS

- Der lange Hebel des gestreckten Beines und die häufig recht grobe Abstimmung der Gewichte an den Kabelzugmaschinen erlauben häufig nur den Einsatz weniger Gewichtsplatten.

Beinheben einbeinig gestreckt im Stand oder im Sitz mit Endkontraktionen

im Stand

im Sitz

EFFEKTIVITÄT

- Obwohl die Übung ohne Zusatzgewicht ausgeführt wird, ist sie für den geraden Schenkelmuskel hochintensiv. Sie belegt fast gleichauf mit der zweitplatzierten Übung, der Hackenschmidt-Kniebeuge, einen hervorragenden dritten Platz in der Top-15-Übungsrangliste mit deutlichem Vorsprung vor den nächsten Übungen, der Kniebeuge mit der Langhantel und dem Beinpressen (vgl. S. 58). Die Aktivierung des inneren und äußeren Schenkelmuskels fällt bei dieser Übung ohne Zusatzlast jedoch äußerst gering aus, wie der vorletzte Platz in der entsprechenden Rangliste beweist (vgl. S. 56).

Muskulatur der Oberschenkelvorderseite 85

BESONDERHEITEN
- Auch diese Spezialübung verdankt ihre hohe Wirksamkeit der Beachtung der Zweigelenkigkeit des geraden Schenkelmuskels mit der Beugung des Hüftgelenks und der Streckung des Kniegelenks.
- Die Endkontraktionen stellen eine hohe Muskelspannung sicher, wenn das gestreckte Bein während der gesamten Übungszeit maximal angehoben bleibt und der Lastarm (Hebellänge) groß ist.

ÜBUNGSAUSFÜHRUNG
- Sichern Sie Ihr Gleichgewicht, indem Sie sich mit den Händen festhalten.
- Strecken Sie das Kniegelenk kraftvoll durch (isometrische Kontraktion des Quadrizepsmuskels), kippen Sie das Becken (Hohlkreuzposition) und heben Sie das gestreckte Bein so hoch wie möglich an.
- Verstärken Sie die Anspannung des geraden Schenkelmuskels durch ununterbrochene Endkontraktionen sowohl durch die Beugung des Hüftgelenks als auch durch die kraftvollen Streckbewegung des Kniegelenks.
- Atmen Sie bei jeder Endkontraktion aus und vermeiden Sie Pressatmung.
- Eine Variante ist das Beinheben einbeinig gestreckt im Sitz mit Endkontraktion.

Die Muskulatur der Oberschenkelrückseite

Muskulatur der Oberschenkelrückseite 87

Die anatomischen Grundlagen: So funktionieren Ihre Muskeln der Oberschenkelrückseite

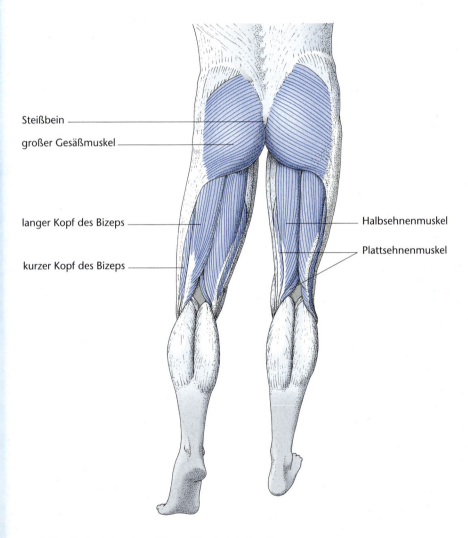

Die Muskulatur der Oberschenkelrückseite

Die Oberschenkelrückseite besteht aus drei Muskeln, die aus anatomischer und funktioneller Sicht gemeinsam betrachtet werden können: dem zweiköpfigen Schenkelmuskel (M. biceps femoris), dem Halbsehnenmuskel (M. semitendinosus) und dem Plattsehnenmuskel (M. semimembranosus). Alle drei Muskeln werden auch als ischiocrurale Muskulatur (Mm. ischiocrurales) bzw. im englischsprachigen Raum als Hamstrings bezeichnet. Die Muskeln der Oberschenkelrückseite ziehen vom Sitzbein (Hüfte) zum Schien- bzw. Wadenbein, wobei der M. biceps femoris auf der Außenseite, die beiden anderen auf der Innenseite liegen. In ihrer Hauptfunktion beugt die ischiocrurale Muskulatur im Kniegelenk und sichert das Kniegelenk in der Endphase der Beinstreckung. In ihren Nebenfunktionen streckt sie im Hüftgelenk und hilft bei der Beckenaufrichtung.

Der zweigelenkigen ischiocruralen Muskulatur kommt sowohl unter sportlichen als auch gesundheitlichen Aspekten eine bedeutende Rolle zu. So stellen die Mm. ischiocrurales beispielsweise eine wesentlich leistungsbestimmende Muskelgruppe bei allen Sprint- und Absprungbewegungen dar. Während die Muskeln der Oberschenkelvorderseite als Antagonisten im Sport häufig trainiert werden, wird das Training der Oberschenkelrückseite oft stark vernachlässigt. Dies führt häufig zu einem deutlichen Missverhältnis zwischen der Kraft der Kniestrecker (Oberschenkelvorderseite) und der Kraft der Kniebeuger. Zudem sind die Mm. ischiocrurales oftmals verkürzt, da kein ausreichendes Dehntraining durchgeführt wird.

> **INFO**
> Testen Sie die Dehnfähigkeit Ihrer Oberschenkelrückseite. Sie ist gut, wenn Sie aus der Rückenlage ein Bein gestreckt bis 90° ohne Spannungsschmerz in der Kniekehle anheben können. Das andere Bein bleibt dabei gestreckt auf dem Boden liegen.

Aus der Sportpraxis ist bekannt, dass häufiger muskuläre Verletzungen der Oberschenkelrückseite als der Oberschenkelvorderseite zu verzeichnen sind. Durch die Kräftigung der Oberschenkelrückseite werden die vorderen Kniegelenkstrukturen entlastet. Zahlreiche Untersuchungen zeigen, dass eine gezielte Kräftigung der Oberschenkelrückseite sowohl bei Problemen des vorderen Kreuzbandes als auch beim Vorliegen einer Chondropathia patellae (degenerative Knorpelveränderungen mit Schmerzen hinter der Kniescheibe) oder eines Patellasehnenspitzensyndroms (Entzündung der Patellasehne im Ansatzbereich am Schienbein) zur Schmerzreduktion beiträgt.

Muskulatur der Oberschenkelrückseite

Die beste Kräftigungsübung für die Muskeln der Oberschenkelrückseite: Beinbeugen an der Leg-Curl-Maschine mit abgehobenen Oberschenkeln

■ Übungsbeschreibung vgl. S. 100

Die beste Dehnübung

■ Stellen Sie den Fuß mit der Ferse auf eine Erhöhung, das Kniegelenk ist gesteckt, und die Fußsitze zeigt leicht nach innen.
■ Kippen Sie das Becken (Tendenz Hohlkreuz) und beugen Sie das Hüftgelenk, indem Sie den Rumpf Richtung Bein führen, bis eine Dehnung in der Oberschenkelrückseite spürbar wird. Der Rücken bleibt gerade.
■ Halten Sie die Dehnspannung ca. 15–20 Sek. und dehnen Sie dann noch einmal ca. 15–20 Sek. nach, indem Sie den geraden Rumpf weiter nach vorne beugen.

Die Top 20 der Oberschenkelrückseite: So finden Sie die besten Übungen

Übungen

Die Rangliste der Übungen für die Muskeln der Oberschenkelrückseite (ischiocrurale Muskulatur) ist eine Gesamtrangliste, die die Messergebnisse für den Beinbizeps und den Halbsehnen-/Plattensehnenmuskel zusammenfasst. Die Bildung einer Gesamtrangliste wurde möglich, weil in den beiden Einzelranglisten nur unwesentliche Rangplatzverschiebungen aufgetreten sind.

Top 20: Oberschenkelrückseite

Rang	Übung	$\bar{x}R$
1	Beinbeugen an der Leg-Curl-Maschine liegend, beidbeinig, Teilbewegungen in Dehnstellung mit Abheben der Oberschenkel (S. 100)	1,9
2	Beinbeugen an der Leg-Curl-Maschine liegend, einbeinig, Teilbewegungen in Dehnstellung mit Abheben des Oberschenkels (S. 100)	2,5
3	Beinbeugen an der Leg-Curl-Maschine liegend, einbeinig, mit Abheben des Oberschenkels (S. 100)	4,4
4	Beinbeugen an der Leg-Curl-Maschine liegend, beidbeinig, mit Abheben der Oberschenkel (S. 100)	5,2
5	Beckenlift einbeinig mit Fersenzug, KGW 120° (S. 103)	6,3
6	Beinbeugen an der Leg-Curl-Maschine liegend, beidbeinig, Oberschenkel aufgelegt (S. 108)	7,1
7	Beckenlift einbeinig ohne Fersenzug, KGW 120° (S. 103)	7,1
8	Beinbeugen einbeinig in Bauchlage auf dem Boden ohne Zusatzgewicht, mit Abheben des Oberschenkels und mit Endkontraktionen (S. 105)	9,5

Muskulatur der Oberschenkelrückseite 91

Rang	Übung	x̄ R
9	Beinbeugen an der Leg-Curl-Maschine im Sitz, beidbeinig (S. 109)	9,9
10	Fersendrücker mit Fersenzug, KGW 90° (S. 111)	10,9
11	Beckenlift einbeinig mit Fersenzug, KGW 80° (S. 103)	11,8
12	Beinrückheben einbeinig gestreckt in Bauchlage am Boden, mit Endkontraktionen (S. 105)	12,0
13	Beinbeugen im Unterarmstütz, einbeinig mit Rückheben des Beines und Endkontraktionen (S. 106)	12,7
14	Beckenlift einbeinig ohne Fersenzug, KGW 80° (S. 103)	12,7
15	Beckenlift beidbeinig ohne Fersenzug, KGW 80° (S. 103)	14,1
16	Rumpfheben, statisch 180° (S. 114)	14,6
17	Rumpfheben gestreckt, dynamisch, Bewegungsamplitude 135°–180° (S. 114)	15,1
18	Beinrückheben an der Hüftpendelmaschine mit Endkontraktionen (S. 113)	15,9
19	Beinpressen horizontal (S. 115)	18,0
20	Kniebeuge mit der Langhantel, KGW 70° (S. 115)	19,0

EMG-Rangliste von 20 Übungen für die Muskeln der Oberschenkelrückseite nach dem durchschnittlichen Rangplatz ($\bar{x}$ R); n=10; KGW = Kniegelenkwinkel

Kommentar zur Rangliste

- $\bar{x}$ R gibt den Mittelwert der individuellen Rangplätze der 10 Probanden an. Die Übung auf Platz 1 der Rangliste hat den kleinsten durchschnittlichen Rangplatzwert ($\bar{x}$ R) und führt zur intensivsten Muskelkontraktion; sie ist somit die effektivste Übung für diese Muskelgruppe.
- Die graphische Darstellung der durchschnittlichen Rangplätze ($\bar{x}$ R) macht die Intensitätsunterschiede der 20 Übungen deutlich.

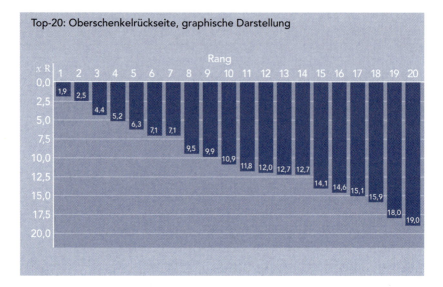

- Die Intensität nimmt von Übung 1 bis 20 ab. Je größer der Intensitätsabfall von einer Übung zur nächsten ausfällt, desto stärker unterscheiden sich die Übungen hinsichtlich ihrer Effektivität. Die 20 Übungen der Oberschenkelrückseite zeigen einen sehr gleichmäßigen Intensitätsabfall. Lediglich die Übungspaare 6/7, 11/12 und 13/14 weisen etwa gleiche Intensitäten auf. Sie sind deshalb gleichwertig und können im Training alternativ eingesetzt werden.
- Die Varianten der Übung Beinbeugen an der Beinbeugemaschine (Leg-Curl) kombiniert mit dem Abheben der Oberschenkel führen die Rangliste an und nehmen die Plätze 1–4 ein. Dabei erweist sich die Ausführung mit Teilbewegungen in Dehnstellung als die absolute Top-Variante (Rangplätze 1 und 2)
- Die traditionellen Beinbeugeübungen an Maschinen mit aufgelegten Oberschenkeln erreichen nur die Plätze 6 (Maschine im Liegen) und 9 (Maschine im Sitz).
- Die kraftgymnastische Übung Beckenlift bewirkt eine hohe Muskelaktivierung. Ein großer Kniewinkel (Rangplätze 5 und 7) ist dabei effektiver als ein kleiner Kniewinkel (Rangplätze 11, 14 und 15). Der Beckenlift mit Fersenzug erreicht die Rangplätze 5 bzw. 11 gegenüber den Varianten ohne Fersenzug auf den Plätzen 7 und 14. Die einbeinige Ausführung auf den Plätzen 5, 7, 11 und 14 zeigt sich der beidbeinigen Variante auf Platz 15 überlegen.

Muskulatur der Oberschenkelrückseite

■ Die Übungen Rumpfheben, Beinrückheben, Beinpressen und Kniebeuge nehmen die letzten Plätze 16–20 der Rangliste ein. Lediglich das Beinbeugen in Bauchlage auf dem Boden mit Abheben des Oberschenkels, einbeinig mit Endkontraktionen überrascht mit einem guten 8. Platz.

Übersicht: Top 20 für die Oberschenkelrückseite im Bild

1. Beinbeugen an der Leg-Curl-Maschine liegend, beidbeinig, Teilbewegungen in Dehnstellung mit Abheben der Oberschenkel

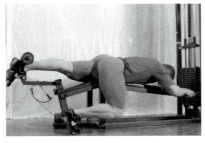

2. Beinbeugen an der Leg-Curl-Maschine liegend, einbeinig, Teilbewegungen in Dehnstellung mit Abheben des Oberschenkels

3. Beinbeugen an der Leg-Curl-Maschine liegend, einbeinig, mit Abheben des Oberschenkels

4. Beinbeugen an der Leg-Curl-Maschine liegend, beidbeinig, mit Abheben der Oberschenkel

5. Beckenlift einbeinig mit Fersenzug, Kniegelenkwinkel 120°

6. Beinbeugen beidbeinig, an der Leg-Curl-Maschine liegend, Oberschenkel aufgelegt

7. Beckenlift einbeinig ohne Fersenzug, Kniegelenkwinkel 120°

8. Beinbeugen einbeinig in Bauchlage auf dem Boden ohne Zusatzgewicht, mit Abheben des Oberschenkels und Endkontraktionen

9. Beinbeugen an der Leg-Curl-Maschine im Sitz, beidbeinig

10. Fersendrücker mit Fersenzug, Kniegelenkwinkel 90°

Muskulatur der Oberschenkelrückseite 95

11. Beckenlift einbeinig mit Fersenzug, Kniegelenkwinkel 80°

12. Beinrückheben einbeinig in Bauchlage am Boden, mit Endkontraktionen

13. Beinbeugen im Unterarmstütz, einbeinig mit Rückheben des Beines und Endkontraktionen

14. Beckenlift einbeinig ohne Fersenzug, Kniegelenkwinkel 80°

15. Beckenlift beidbeinig ohne Fersenzug, Kniegelenkwinkel 80°

16. Rumpfheben, statisch 180°

17. Rumpfheben gestreckt, dynamisch, 135°–180°

18. Beinrückheben an der Hüftpendelmaschine mit Endkontraktionen

19. Beinpressen horizontal

20. Kniebeuge mit der Langhantel, Kniegelenkwinkel 70°

Die Übungen: Das Beste für Ihre Muskeln der Oberschenkelrückseite

Die Übungen für die Oberschenkelrückseite werden aufgrund struktureller Merkmale in drei Übungsgruppen eingeteilt.

1. Beinbeugen kombiniert mit Beinrückheben, Beckenlift (Übungen, die berücksichtigen, dass die Muskeln der Oberschenkelrückseite zweigelenkig sind und sowohl das Hüftgelenk strecken als auch das Kniegelenk beugen)

2. Beinbeugen, Fersendrücker (Übungen, die nur die Kniebeugefunktion der Muskulatur der Oberschenkelrückseite berücksichtigen)

3. Beinrückheben, Rumpfheben Beinpressen, Kniebeuge (Übungen, die nur die Hüftstreckfunktion der Muskulatur der Oberschenkelrückseite berücksichtigen)

Beinbeugen kombiniert mit Beinrückheben, Beckenlift

Das Wichtigste im Überblick

EFFEKTIVITÄT

- Die Hauptfunktionen der zweigelenkigen ischiocruralen Muskulatur sind das Beugen des Kniegelenks sowie die Streckung des Hüftgelenks. Eine Kombination dieser Funktionen erhöht in der Regel die Effektivität des Trainings. Dies ist bei den Übungen auf den ersten Plätzen der Top-20-Rangliste wie Beinbeugen mit Abheben der Oberschenkel und Beckenlift der Fall.
- Eine Kombination der Übungen Beinrückheben und Beinbeugen hat sich als hervorragende, hochwirksame Komplexübung für die ischiocrurale Muskulatur, den großen Gesäßmuskel und den unteren Rückenstrecker erwiesen. Dies gilt in gleicher Weise für die Übung Beckenlift. Auch der Zwillingswadenmuskel wird aufgrund der Beugebewegung im Kniegelenk gegen Widerstand mitaktiviert.
- Folgende Gründe sind für die starke Aktivierung der ischiocruralen Muskulatur bei der Kombination des Beinrückhebens mit Beinbeugen bzw. beim Beckenlift verantwortlich:
  1. Das Rückheben der gestreckten Beine führt zu einer weitgehend isometrischen, kräftigen Kontraktion der Muskeln der Oberschenkelrückseite, des unteren Rückenstreckers und des großen Gesäßmuskels. Auf diese isometrische Muskelspannung wird die dynamische Kontraktion des Beinbeugens aufgeschaltet, was zu einer sehr hohen Gesamtspannung des Muskels führt. Beim Beckenlift ist der Sachverhalt umgekehrt: Der isometrischen Beinbeugespannung (Ferse in den Boden drücken) wird die dynamische Kontraktion der Hüftgelenkstreckung (Anheben des Beckens) hinzugefügt.
  2. Beim Beinrückheben wird das Hüftgelenk zusätzlich zum Drehpunkt mit der gesamten Beinlänge als Hebelarm. Aufgrund des langen Hebels führen auch geringe Zusatzgewichte oder Partnerwiderstand zu einer hohen muskulären Belastung.
  3. Die Kombination von Haupt- und Nebenfunktionen bewirkt eine optimale Aktivierung des Muskels.
  4. Teilbewegungen in Dehnstellung bei der Übung Beinbeugen (kombiniert mit Beinrückheben) sowie Fersenzug beim Beckenlift (kombiniert

Muskulatur der Oberschenkelrückseite

mit dem Anheben des Beckens) intensivieren die Übungen zusätzlich. Auch Endkontraktionen, d. h. kleine Bewegungen im Bereich der nahezu maximal gebeugten Kniegelenke, führen zu einer deutlich verstärkten Aktivierung der Oberschenkelrückseite. Dies gilt jedoch nur, wenn die Beinbeugemaschine so konstruiert ist, dass auch im Endbereich der Beugung der Widerstand noch optimal wirkt. Diese optimale Konstruktion der Exzenterscheibe (ovale Scheibe, die über den gesamten Bewegungsablauf einen gleich bleibenden Widerstand erzeugen soll) ist aber nur bei wenigen Maschinentypen vorhanden.

ALLGEMEINE ÜBUNGSAUSFÜHRUNG

- Bei allen Beinbeugeübungen kombiniert mit Beinrückheben werden zumindest zwei Funktionen der Oberschenkelrückseite trainiert: 1. die Kniebeugefunktion und 2. die Hüftstreckfunktion. Bei allen einbeinig durchgeführten Varianten, bei denen zusätzlich das freie Bein unter den Körper gezogen wird, wird auch die 3. Funktion, die Beckenaufrichtung, mit einbezogen.
- Wenn die Füße während der Übungsausführung nach innen gedreht werden, werden mehr der Halb- und Plattsehnenmuskel auf der Innenseite, bei einer Fußdrehung nach außen stärker der zweiköpfige Schenkelmuskel auf der Außenseite der Oberschenkelrückseite aktiviert.

BESONDERHEITEN

- Aufgrund des Anhebens der Oberschenkel entsteht ein langer Hebelarm. Daher kann wesentlich weniger Gewicht bewältigt werden als bei der traditionellen Ausführung mit aufgelegten Oberschenkeln. Dennoch ist die Aktivierung der Muskeln höher.
- Bei manchen Leg-Curl-Maschinen im Liegen liegt der Kopf des Trainierenden auf der schrägen Auflage deutlich tiefer als das Becken. Diese Lage wird von vielen Personen, z. B. bei Bluthochdruck oder Übergewicht, als unangenehm empfunden. In diesem Fall sind Beinbeugemaschinen im Stand oder im Sitzen vorzuziehen.
- Durch das Rückheben der Beine und das hiermit verbundene Abheben der Oberschenkel von der Unterlage entfällt die Aktivität der Hüftbeugemuskulatur und der hiermit bei Übungen mit aufgelegten Oberschenkeln verbundene Zug ins Hohlkreuz.

Beinbeugen kombiniert mit Beinrückheben beidbeinig und einbeinig an Maschinen im Liegen

beidbeinig mit
Teilbewegungen

beidbeinig mit
Endkontraktionen

beidbeinig mit
voller Bewegung

einbeinig mit
voller Bewegung

EFFEKTIVITÄT

- Diese vier Übungsvarianten sind die Top-Übungen für die Oberschenkelrückseite (Rangplatz 1–4, vgl. S. 90/91). Gleichzeitig aktivieren sie optimal den unteren Rückenstrecker und sehr intensiv den großen Gesäßmuskel. Zusätzlich wird auch der Zwillingswadenmuskel über die Kniebeugebewegung mittrainiert.
- Eine Beschränkung der Bewegungsamplitude auf den Anfangsbereich der Bewegung (Teilbewegung in Dehnstellung) oder die Durchführung von Endkontraktionen bei gebeugtem Kniegelenk (sofern durch die Maschine weiterhin Widerstand gegeben ist) erhöhen die Aktivierung zusätzlich.

Muskulatur der Oberschenkelrückseite

ÜBUNGSDURCHFÜHRUNG

- Legen Sie sich auf die Maschine, sodass sich die Knie knapp unterhalb des Liegepolsters befinden. Die Widerstandspolster liegen so weit wie möglich hinten auf den Fersen.
- Stellen Sie das Gerät wenn möglich so ein, dass die Bewegung mit leicht gebeugten Kniegelenken begonnen werden kann. Ein Training aus gestreckten Kniegelenken ist häufig unangenehm.
- Heben Sie jetzt die Oberschenkel von der Auflage ab und beugen und strecken Sie die Kniegelenke gegen den Widerstand. Das Widerstandspolster rollt dabei etwas nach vorne und liegt nun korrekt auf dem unteren Teil der Unterschenkel. Bei der kontrollierten Streckbewegung ist eine vollständige Streckung der Kniegelenke zu vermeiden. Beim Training mit Teilbewegungen wird ein stärkeres Anwinkeln des Kniegelenks vermieden.
- Bei der einbeinigen Ausführung legen Sie sich auf eine Seite der Maschine und ziehen ein Bein so weit wie möglich neben dem Rumpf nach vorne (Ausfallschritt). Bei dieser Übung werden alle drei Funktionen der Oberschenkelrückseite erfüllt, das Aufrichten des Beckens (durch das nach vorne gestellte Bein), die Hüftstreckung (durch das Abheben des Oberschenkels) sowie die Kniebeugung.
- Die Übung mit Abheben der Oberschenkel führt zu einer großen Spannung in der unteren Rückenmuskulatur. Manche Trainierende müssen daher vor Aufnahme dieser Übung in das Trainingsprogramm zunächst die untere Rückenmuskulatur kräftigen.

Beinbeugen einbeinig kombiniert mit Beinrückheben an Maschinen im Stand

EFFEKTIVITÄT
- Eine exakte Aussage über die Effektivität von Übungsvarianten an Beinbeugemaschinen im Stand kann nicht gemacht werden, da keine Messwerte vorliegen. Bei Berücksichtigung der optimalen Übungsausführung mit Rückheben des Oberschenkels können ebenfalls hohe Intensitäten erwartet werden. Es ist jedoch zu vermuten, dass sich die Intensität aufgrund der ungünstigeren Stabilisierungsmöglichkeiten und der Tatsache, dass das Bein nicht waagerecht gegen die Schwerkraft angehoben werden muss, reduziert.

ÜBUNGSAUSFÜHRUNG
- Stellen Sie sich mit leicht gebeugtem Hüft- und Kniegelenk auf die Fußplattform. Richten Sie die Standhöhe dabei so ein, dass sich das Kniegelenk als Drehpunkt in Höhe der Drehachse des Trainingshebels befindet.
- Positionieren Sie das verstellbare Fußpolster des Trainingshebels sehr tief an der Ferse des Trainingsbeines und fixieren Sie mit den Händen die Griffstange.
- Spannen Sie die Rumpfmuskulatur an und heben Sie den Oberschenkel mit Krafteinsatz nach hinten, weg von dem hierfür eigentlich vorgesehenen Polster. Dies ist koordinativ recht schwierig. Beugen bzw. strecken Sie das Kniegelenk kontrolliert gegen den Widerstand. Halten Sie den Rumpf die ganze Zeit aufrecht.

Muskulatur der Oberschenkelrückseite

Beckenlift

kleiner Winkel, 80°

großer Winkel, 120°

Beidbeinig, 80°

Beckenlift, Fuß auf Erhöhung

EFFEKTIVITÄT

- Der Beckenlift ist die effektivste Übung ohne Gerät zur Kräftigung der Oberschenkelrückseite (Rangplätze 5, 7, 11, 14, 15, vgl. S. 90/91). Zusätzlich werden intensiv der große Gesäßmuskel und der untere Rückenstrecker trainiert.
- Je größer der Kniewinkel des Trainingsbeines gewählt wird, d. h., je weiter der Fuß vom Gesäß weggesetzt wird, desto intensiver wird die Übung (vgl. Übungen auf den Plätzen 5 und 11 bzw. 7 und 14).
- Ein aktiver Fersenzug führt zu einer noch höheren Aktivierung (vgl. Übungen auf den Plätzen 5 und 7 bzw. 11 und 14).
- Bei der beidbeinigen Variante nimmt die Intensität etwas ab (vgl. Platz 15).

ÜBUNGSAUSFÜHRUNG

- Ziehen Sie in Rückenlage ein Bein maximal zur Brust, um das Becken aufzurichten. Setzen Sie das andere Bein mit der Ferse auf und ziehen Sie die Fußspitzen an. Die Hände liegen hinter dem Kopf.
- Drücken Sie die Ferse in den Boden und heben bzw. senken Sie das Becken dabei im Wechsel, ohne das Gesäß zwischenzeitlich wieder auf den Boden abzulegen.
- Eine zusätzliche intensive Aktivierung kann durch Fersenzug, maximales Abheben des Beckens und aktives Anziehen des Spielbeins erfolgen. Hierbei führen Sie während der Übungsausführung die drei Bewegungen aktiv aus:
  1. Sie ziehen zusätzlich während der Beckenhebung die Ferse intensiv in Richtung Gesäß (Fersenzug).
  2. Gleichzeitig (über)strecken Sie das Hüftgelenk aktiv, d. h., Sie schieben die Hüfte maximal nach oben (Endkontraktionen).
  3. Zusätzlich richten Sie Ihr Becken aktiv auf, indem Sie versuchen, beim Beckenheben das freie Bein jeweils noch näher an den Rumpf zu ziehen. Die Koordination dieser drei z. T. gegensätzlichen Bewegungen ist schwierig und benötigt eine längere Übungsphase.
- Bei der leichteren beidbeinigen Variante drücken Sie beide Fersen in den Boden. Sie verzichten dabei auf das aktive Aufrichten des Beckens.

HINWEIS

- Besonders bei der einbeinigen Variante mit Fersenzug kann es vor allem im unaufgewärmten Zustand zum Muskelkrampf in der Oberschenkelrückseite kommen. Führen Sie deshalb vorher einige weniger intensive Übungswiederholungen für diese Muskelgruppe aus, bevor Sie sich an die hochintensiven Varianten heranwagen.

Muskulatur der Oberschenkelrückseite 105

Beinbeugen in Bauchlage kombiniert mit Beinrückheben

am Boden

auf der Bank

mit Endkontraktionen

mit Partnerwiderstand

EFFEKTIVITÄT
- Beinbeugevarianten einbeinig mit Abheben des Oberschenkels in Bauchlage sind sehr effektive kraftgymnastische Übungen für die Oberschenkelrückseite (Rangplatz 8, vgl. S. 90/91), vor allem dann, wenn sie mit Endkontraktionen oder Partnerwiderstand durchgeführt werden.
- Zusätzlich werden sehr intensiv der große Gesäßmuskel und die untere Rückenmuskulatur mitaktiviert.

ÜBUNGSAUSFÜHRUNG
- Ziehen Sie in der Bauchlage ein Bein an den Rumpf (Becken aufrichten). Bei Auftreten von Druckschmerz auf dem Beckenknochen und bei mangelnder Beweglichkeit können Sie das Bein auch gestreckt lassen.
- Heben Sie das gestreckte Trainingsbein jetzt so weit wie möglich vom Boden ab, beugen Sie das Kniegelenk maximal und führen Sie kleine kraftvolle Beugebewegungen am Bewegungsendpunkt durch (Endkontrak-

tionen). Halten Sie dabei den Oberschenkel immer abgehoben, der Beckenknochen liegt jedoch auf.
- Die Übung kann auch auf einer Bank durchgeführt werden. Setzen Sie dabei ein Bein neben der Bank nach vorne.
- Durch Partnerwiderstand kann eine weitere Intensivierung erfolgen. Der Partner kann Widerstand auf der Oberschenkelrückseite gegen das Beinrückheben und/oder an der Ferse gegen die Kniebeugung geben.

Beinbeugen kombiniert mit Beinrückheben im Unterarmstütz

EFFEKTIVITÄT
- Beinbeugen kombiniert mit Beinrückheben des Beines im Unterarmstütz mit Endkontraktionen aktiviert die Oberschenkelrückseite mittelintensiv (Rangplatz 13, vgl. S. 90/91). Zusätzlich werden der große Gesäßmuskel und der untere Rückenstrecker wirkungsvoll mittrainiert.
- Die schwierige Stabilisierung des Körpers erschwert einen maximalen Krafteinsatz und mindert die Intensität im Vergleich zu den Übungsvarianten am Boden oder auf der Bank.

ÜBUNGSAUSFÜHRUNG
- Legen Sie Ihren Oberkörper auf den Unterarmen ab und ziehen Sie ein Bein so weit unter den Rumpf, bis Ihr Becken aufgerichtet ist.
- Heben Sie das Bein maximal nach oben und beugen Sie das Trainingsbein im Kniegelenk mit Kraft. Führen Sie Endkontraktionen aus, d. h. kleine Beinbeugebewegungen im Endbereich der Bewegung, bei gleichzeitig weiterhin angehobenem Bein.
- Ein Partner kann Widerstand auf der Oberschenkelrückseite und/oder an der Ferse geben.

Muskulatur der Oberschenkelrückseite

Beinbeugeübungen an Maschinen

Das Wichtigste im Überblick

EFFEKTIVITÄT

- Beinbeugen an Maschinen mit aufgelegten Oberschenkeln (= traditionelle Ausführung) ist ein effektives isoliertes Training für die ischiocrurale Muskulatur. Die Aktivierung der Muskeln der Oberschenkelrückseite ist nur geringfügig schwächer als bei einer Ausführung mit Abheben der Oberschenkel (= optimierte Ausführung). Es wird nur die Hauptfunktion der ischiocruralen Muskulatur, das Beugen der Kniegelenke, durchgeführt und auf die anderen Funktionen verzichtet. Allerdings kann dabei ein relativ großes Gewicht bewältigt werden, was die hohe Intensität sicherstellt (vgl. Rangplätze 6 und 9, vgl. S. 90/91).
- Ein gleichzeitiges Training des großen Gesäßmuskels und der Muskulatur des unteren Rückens, wie dies bei den Übungen Beinbeugen kombiniert mit Beinrückheben oder beim Beckenlift der Fall ist, erfolgt nicht.

BESONDERHEITEN

- Die weiteren Funktionen der ischiocruralen Muskulatur, die Streckung des Hüftgelenks und das Aufrichten des Beckens, werden durch diese Übungsvarianten nicht erfüllt. Es ist sogar das Gegenteil der Fall. Durch den Druck der Oberschenkel gegen die Unterlage wird die Hüftbeugemuskulatur, der M. iliopsoas und der M. rectus femoris, stark aktiviert, was zu einer Kippung des Beckens, einem Anheben des Gesäßes und einer Verstärkung der Lordose der Lendenwirbelsäule führt. Dies ist ein gravierender Nachteil des Beinbeugens mit aufgelegten Oberschenkeln. Manche Trainierende klagen deshalb dabei über Beschwerden im unteren Rücken.

Beinbeugen an der Leg-Curl-Maschine im Liegen

mit Teilbewegungen

ganze Bewegung

einbeinig

EFFEKTIVITÄT
- Die Übung mit abgelegten Oberschenkeln ist eine sehr intensive Übung zur Kräftigung der Oberschenkelrückseite (Rangplatz 6, vgl. S. 90/91), die Aktivierung ist aber etwas geringer als bei der Variante mit abgehobenen Oberschenkeln.

ÜBUNGSAUSFÜHRUNG
- Legen Sie sich auf die Maschine, sodass sich die Knie knapp unterhalb des Liegepolsters befinden. Die Fußpolster liegen direkt oberhalb der Fersen.
- Stellen Sie das Gerät wenn möglich so ein, dass die Bewegung mit leicht gebeugten Kniegelenken begonnen werden kann. Ein Training aus gestreckten Kniegelenken ist häufig unangenehm.
- Beugen und strecken Sie die Kniegelenke gegen den Widerstand und vermeiden Sie bei der kontrollierten Streckbewegung eine vollständige Streckung der Kniegelenke. Beim Training mit Teilbewegungen wird auf ein stärkeres Anwinkeln der Kniegelenke verzichtet.
- Bei der einbeinigen Ausführung legen Sie sich auf eine Seite der Maschi-

Muskulatur der Oberschenkelrückseite 109

ne und setzen ein Bein so weit wie möglich neben der Maschine nach vorne (Beckenaufrichtung). Der Vorteil des aufgerichteten Beckens liegt vor allem darin, dass eine verstärkte Lordosierung der Lendenwirbelsäule verhindert wird.

HINWEIS
- Durch den Druck der Oberschenkel gegen das Polster erfolgt eine statische Aktivierung der Hüftbeugemuskulatur mit einem Zug in die Lendenlordose (Hohlkreuz). Manche Trainierende klagen hierbei über Rückenbeschwerden im unteren Rücken.
- Bei der einbeinigen Ausführungsvariante mit vorgesetztem Bein werden zwei Funktionen der Oberschenkelrückseite erfüllt, das Aufrichten des Beckens (durch das angezogene Bein) und die Kniebeugung.

Beinbeugen an der Leg-Curl-Maschine im Sitz

EFFEKTIVITÄT
- Die Übung ist weniger effektiv als das Beinbeugen im Liegen. Sie erreicht in der Top-20-Rangliste einen mittleren 9. Platz (vgl. S. 90/91).

ÜBUNGSAUSFÜHRUNG
- Stellen Sie den Sitz bzw. die Rückenlehne so ein, dass der Rücken an der Lehne anliegt, und fixieren Sie Ihre Oberschenkel an der Oberseite mit dem dafür vorgesehenen Polster. Die Kniegelenke sollten sich in Höhe der Drehachse des Gerätes befinden. Beginnen Sie die Bewegung aus leicht gebeugten Kniegelenken.
- Spannen Sie die Rumpfmuskulatur an und beugen Sie die Kniegelenke

so weit wie möglich. Die kontrolliert gebremste Streckbewegung erfolgt nicht ganz bis zur vollständigen Streckung der Kniegelenke.
- Aufgrund des Drucks der Oberschenkel nach oben gegen das Polster wird die Hüftbeugemuskulatur statisch aktiviert. Der Zug der Hüftbeuger führt im Sitzen zu einer geringeren Hohlkreuzbildung als bei der Beinbeugevariante im Liegen.
- Bei Verletzung eines Beines oder bei speziellen Trainingszielen kann die Übung auch einbeinig ausgeführt werden.

Beinbeugen einbeinig an der Leg-Curl-Maschine im Stand

EFFEKTIVITÄT
- Messergebnisse liegen bisher nicht vor.

ÜBUNGSAUSFÜHRUNG
- Stellen Sie sich mit leicht gebeugtem Hüft- und Kniegelenk auf die Fußplattform. Richten Sie die Standhöhe dabei so ein, dass sich das Kniegelenk als Drehpunkt in Höhe der Drehachse des Trainingshebels befindet.
- Positionieren Sie das Fußpolster des Trainingshebels etwas oberhalb der Ferse des Trainingsbeines und fixieren Sie den Körper mit den Händen an der Griffstange. Drücken Sie den Oberschenkel gegen das Polster.
- Spannen Sie die Rumpfmuskulatur an und beugen und strecken Sie das Kniegelenk kontrolliert gegen den Widerstand. Halten Sie den Rumpf die ganze Zeit aufrecht.

Muskulatur der Oberschenkelrückseite 111

HINWEIS
- Durch die einbeinige Ausführung und das leicht gebeugte Hüftgelenk im Standbein ist der Zug ins Hohlkreuz nicht so stark wie bei der beidbeinigen Variante im Liegen. Dennoch kommt es durch den massiven Druck des Oberschenkels gegen das Polster zu einer starken Mitaktivierung der Hüftbeugemuskulatur.

Fersendrücker

im Liegen

im Stand auf einer Bank

EFFEKTIVITÄT
- Der Fersendrücker ist eine effektive statische, kraftgymnastische Übung zur Kräftigung der Oberschenkelrückseite (Rangplatz 10, vgl. S. 90/91). Die Muskelaktivierung ist bei intensiver Übungsausführung überraschenderweise ebenso stark wie beim Beinbeugen im Sitz an der Maschine.
- Die Intensität lässt sich durch Fersenzug zusätzlich steigern.

ÜBUNGSAUSFÜHRUNG
- Setzen Sie in der Rückenlage die Füße mit den Fersen auf und ziehen Sie die Fußspitzen hoch. Drücken Sie den unteren Rücken durch Anspannen der Bauchmuskulatur zum Boden (Beckenaufrichtung).
- Drücken Sie die Fersen kräftig in den Boden, ohne dass das Becken vom Boden abhebt.
- Zur Intensivierung können Sie zusätzlich zum Fersendruck auch noch einen kräftigen Fersenzug in Richtung Gesäß durchführen und/oder die Fersen weiter vom Gesäß wegsetzen.
- Die Übung kann auch im Stand durchgeführt werden. Drücken Sie dabei die Ferse von oben auf eine kleine Erhöhung (z. B. Stuhl, Bank).

Beinrückheben, Rumpfheben, Beinpressen, Kniebeuge

Das Wichtigste im Überblick

EFFEKTIVITÄT
- Die Übungen dieser Gruppe werden in der Regel nicht zum gezielten Training der Muskeln der Oberschenkelrückseite eingesetzt. Die Intensität der Muskelaktivierung ist wesentlich geringer als bei den klassischen Übungen für die ischiocrurale Muskulatur. Sie nehmen deshalb auch in der Top-20-Rangliste nur hintere Plätze ein (12, 16–20). Die Intensität erreicht etwa 30 % der Top-Übungen (Plätze 1 und 2) und etwa 50 % der Übungen auf mittleren Ranglistenplätzen 7–10 (vgl. S. 90/91).

BESONDERHEITEN
- Das Rückheben des gestreckten Beines oder des Rumpfes sowie alle Kniebeugevarianten erfassen nur eine Nebenfunktion der Muskulatur der Oberschenkelrückseite, nämlich die Streckung des Hüftgelenks. Sie beinhalten nicht die Hauptfunktion, die Beugung des Kniegelenks.
- Bei allen Beinrück- oder Rumpfhebeübungen werden in erster Linie die Muskulatur des unteren Rückens und der große Gesäßmuskel trainiert. Das Co-Training der ischiocruralen Muskulatur ist ein erwünschter Nebeneffekt.
- Bei Kniebeugeübungen leistet die ischiocrurale Muskulatur einen wichtigen Beitrag zur Stabilisierung des Kniegelenks. Sie erzeugt einen rückwärts gerichteten Zug am Schienbeinknochen, der einen Teil des nach vorne gerichteten Zuges des vierköpfigen Oberschenkelstreckers (Ansatz über die Patellasehne an der Schienbeinvorderseite) ausgleicht.

Muskulatur der Oberschenkelrückseite

Beinrückheben

Beinrückheben in Bauchlage

Beinrückheben
an der Hüftpendelmaschine

Beinrückheben am Kabelzug

EFFEKTIVITÄT
- Die Übung Beinrückheben in Bauchlage ist eine mittelintensive kraftgymnastische Übung zur Kräftigung der Oberschenkelrückseite (Rangplatz 12, vgl. S. 90/91). Effektiv ist vor allem eine Ausführung mit Endkontraktionen.
- Die Übung Beinrückheben an der Hüftpendelmaschine (oder am Kabelzug) aktiviert die Muskeln der Oberschenkelrückseite deutlich weniger (Rangplatz 18). Sie ist im Kapitel Gesäßmuskulatur detailliert beschrieben.

ÜBUNGSAUSFÜHRUNG
- Legen Sie in der Bauchlage Ihre Stirn auf die Hände auf. Spannen Sie die Bauchmuskulatur an und ziehen Sie ein Bein unter den Bauch. Bei Auftreten von Druckschmerz auf den Beckenknochen und bei mangelnder Beweglichkeit können Sie auch beide Beine gestreckt liegen lassen.
- Heben Sie das gestreckte Trainingsbein maximal rück-hoch, der Becken-

knochen sollte dabei am Boden liegen bleiben. Halten Sie das Bein in der Endposition und führen Sie Endkontraktionen, d. h. kleine Bewegungen im Bereich der maximalen Überstreckung, durch.

■ Wenn Sie die Beinrückhebebewegung zusätzlich mit einer Beugung im Kniegelenk kombinieren, intensivieren Sie die Übung wesentlich (Platz 8, vgl. S. 90/91). Stellen Sie sich dabei vor, dass Sie einen schweren Widerstand in Richtung Gesäß ziehen.

HINWEIS
■ Wenn ein Anziehen des freien Beines unter den Körper nicht möglich ist, sollten Personen mit Beschwerden im unteren Rücken oder mit einem sehr starken Hohlkreuz bei dieser Übung das Bein nicht maximal abheben.

Rumpfheben

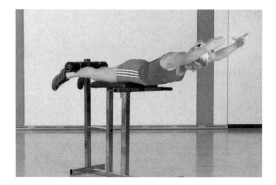

statisch

gestreckt dynamisch

Muskulatur der Oberschenkelrückseite

EFFEKTIVITÄT
- Die Übung Rumpfheben statisch oder gestreckt dynamisch ausgeführt ist wenig effektiv zur Kräftigung der Oberschenkelrückseite (Rangplatz 16 und 17). Die genaue Übungsbeschreibung finden Sie im Abschnitt «Gesäßmuskulatur», S. 44.

Beinpressen, Kniebeugen

Beinpressen

Kniebeuge

EFFEKTIVITÄT
- Beinpressen und Kniebeugeübungen sind für ein gezieltes Training der Oberschenkelrückseite nicht geeignet. Sie nehmen in der Top-20-Rangliste die letzten Plätze ein (19 und 20, vgl. S. 90/91).
- Eine detaillierte Beschreibung der Übungen findet sich im Kapitel Muskulatur der Oberschenkelvorderseite (vgl. S. 63 f.).

Die Adduktoren
Die Schenkelanzieher

Die Adduktoren 117

Die anatomischen Grundlagen:
So funktionieren Ihre Adduktoren

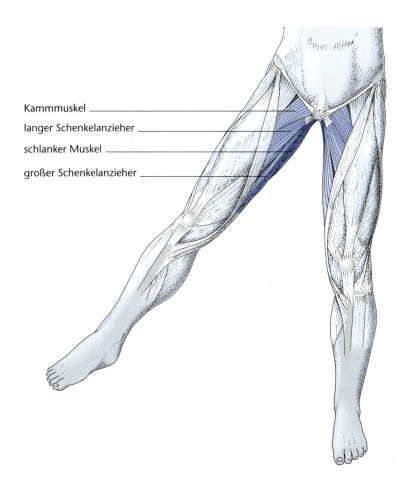

Kammmuskel
langer Schenkelanzieher
schlanker Muskel
großer Schenkelanzieher

Die Adduktorenmuskulatur

Als Adduktoren oder Schenkelanzieher wird eine Gruppe von fünf verschiedenen Muskeln bezeichnet, die alle an der Innenseite des Oberschenkels liegen und deren dynamische Hauptfunktion das Heranziehen des abgespreizten Beines an den Körper ist. Gemeinsam mit den Abduktoren regulieren sie die Bewegungen des Oberschenkels gegen das Becken und balancieren im Standbein das Becken bei einbeinigem Stand aus. Beim Gehen und Laufen stabilisieren sie das Becken. Daher kann es sein, dass wir bei ungewohnt längeren Läufen Muskelkater an der Innenseite der Oberschenkel verspüren.

Die Adduktoren sollten kräftig ausgeprägt sein, da sie über das Becken auch den Rumpf halten und den aufrechten Gang sichern müssen. Bei gespreizten Beinen sorgen sie dafür, dass der Rumpf nicht nach unten durchbricht.

Da die Adduktoren zur Verkürzung neigen, treten häufig Verletzungen beispielsweise in Spielsportarten (z. B. Fußball) auf.

Zu den Adduktoren gehören folgende Muskeln: schlanker Muskel (M. gracilis), kurzer, langer und großer Schenkelanzieher (M. adductor brevis, longus und magnus) sowie der Kamm-Muskel (M. pectineus).

Die Adduktoren

**Die beste Kräftigungsübung für die Adduktoren:
Beine schließen an der Adduktorenmaschine**

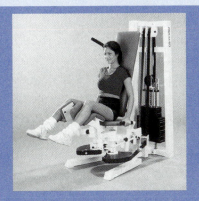

Die beste Dehnübung

- Legen Sie im aufrechten Sitz die Fußsohlen gegeneinander und ziehen Sie die Fersen nah an den Körper.
- Lassen Sie die Knie entspannt nach außen fallen und spüren Sie die Dehnung an den Innenseiten der Oberschenkel.
- Sie können die Dehnung noch verstärken, indem Sie die Knie mit den Unterarmen weiter nach außen drücken.
- Halten Sie die Dehnspannung ca. 15–20 Sek. und dehnen Sie dann noch einmal 15–20 Sek. nach, indem Sie den Druck mit den Unterarmen erhöhen.

Die Top 8 der Adduktoren:
So finden Sie die besten Übungen

Die Muskelgruppe der Adduktoren besteht aus unterschiedlich langen Muskeln an der Oberschenkelinnenseite. Um alle Adduktoren zu erfassen, wurden zwei Ranglisten erstellt, eine für den oberen und eine für den unteren, knienahen Teil der Adduktoren. Die beiden Ranglisten wurden zu der vorliegenden Gesamtrangliste zusammengefasst. Neben den klassischen Adduktorenübungen wurden auch das Kreuzheben und das Beinpressen getestet, um zu ermitteln, wie intensiv die Adduktoren bei diesen bekannten Komplexübungen mittrainiert werden.

Top 8: Adduktoren

Rang	Übung	$\bar{x}\,R$
1	Beine schließen an der Adduktorenmaschine (S. 125)	1,9
2	Beine schließen an der Hüftpendelmaschine, Hüftgelenk leicht gebeugt (S. 126)	3,5
3	Beine schließen am Kabelzug (S. 127)	3,6
4	Beine öffnen und schließen gegen Partnerwiderstand (S. 129)	4,1
5	Unterarmklemme statisch (S.)	4,9
6	Kreuzheben, Fußstellung hüftbreit (S.)	5,6
7	Beinpressen, Kniegelenkwinkel 50° (S.)	5,9
8	Beinpressen, Kniegelenkwinkel 90° (S.)	6,6

EMG-Rangliste von 8 Übungen für die Adduktoren nach dem durchschnittlichen Rangplatz ($\bar{x}\,R$); n=10

Kommentar zur Rangliste

- $\bar{x}\,R$ gibt den Mittelwert der individuellen Rangplätze der 10 Probanden an. Die Übung auf Platz 1 der Rangliste hat den kleinsten durchschnittlichen Rangplatzwert ($\bar{x}\,R$) und führt zur intensivsten Muskelkontraktion; sie ist somit die effektivste Übung für diese Muskelgruppe.

Die Adduktoren 121

- Die folgende graphische Darstellung der durchschnittlichen Rangplätze (x̄ R) macht die Intensitätsunterschiede der 8 Übungen deutlich.

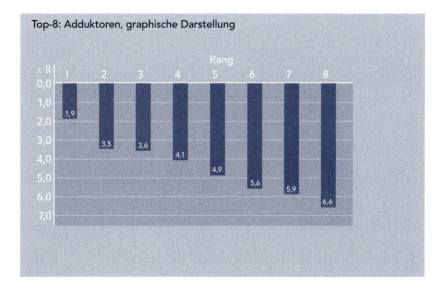

- Die Intensität nimmt von Übung 1 bis 8 ab. Je größer der Intensitätsabfall von einer Übung zur nächsten ausfällt, desto stärker unterscheiden sich die Übungen hinsichtlich ihrer Effektivität. Ein deutlicher Intensitätsabfall besteht von Übung 1 auf 2.
- Übungen mit nahe beieinander liegenden Rangplätzen weisen dagegen etwa gleiche Intensitäten auf. Sie sind deshalb nahezu gleichwertig und können im Training alternativ eingesetzt werden. Dies gilt hier für die Übungen 2 und 3 sowie 6 und 7.
- Die Übung Beine schließen an der Adduktorenmaschine (Platz 1) ist eindeutig die Top-Übung für die Adduktoren. Mit deutlichem Abstand folgen die beiden gleichwertigen Spezialübungen mit Zusatzgewicht an der Hüftpendelmaschine und am Kabelzug (Plätze 2 und 3).
- Die beiden empfehlenswerten Heimübungen mit Partner- oder Eigenwiderstand (Plätze 4 und 5) sind die besten Übungen ohne Maschinen oder Gewichte.
- Die Übungen Kreuzheben und Beinpressen nehmen die letzten Plätze der Rangliste ein und sind für ein spezielles Training der Adduktoren nicht zu empfehlen.

Übersicht: Top 8 für die Adduktoren im Bild

1. Beine schließen an der Adduktorenmaschine

2. Beine schließen an der Hüftpendelmaschine, Hüftgelenk leicht gebeugt

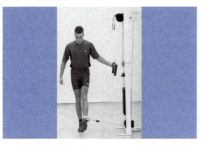

3. Beine schließen am Kabelzug

4. Beine öffnen und -schließen gegen Partnerwiderstand

5. Unterarmklemme statisch

6. Kreuzheben

Die Adduktoren

7. Beinpressen,
Kniegelenkwinkel 50°

8. Beinpressen,
Kniegelenkwinkel 90°

Die Übungen: Das Beste für Ihre Adduktoren

Die Übungen für die Muskelgruppe der Adduktoren werden aufgrund struktureller Merkmale in zwei Übungsgruppen eingeteilt.

1. Spezielle Adduktorenübungen

2. Kreuzheben, Beinpressen (Komplexübungen mit Teilwirkung auf die Adduktoren)

Spezielle Adduktorenübungen

Diese Übungsgruppe beinhaltet alle wichtigen Übungen, die speziell die Adduktoren trainieren, und berücksichtigt Varianten an Maschinen, mit einem Partner und individuelle Übungen ohne Maschinen.

Das Wichtigste im Überblick

EFFEKTIVITÄT
- Das Schließen der Beine gegen hohen Widerstand an der Adduktorenmaschine, am Kabelzug, der Hüftpendelmaschine, gegen Partner- oder Eigenwiderstand, also die klassischen Adduktorenübungen, sind alle hocheffektiv für diese Muskelgruppe.
- Die gute Stabilisierung des Körpers in der Adduktorenmaschine macht diese Variante zur unangefochtenen Nr. 1. Die Übungen am Kabelzug, an der Hüftpendelmaschine, mit Partner und die Unterarmklemme sind nahezu gleichwertig. Ihre Messwerte weisen nur sehr geringe Unterschiede auf.
- Die Kniebeugevarianten fallen deutlich ab. Sie aktivieren die Adduktoren etwa nur halb so intensiv wie die übrigen Übungen. Dennoch werden die Adduktoren bei allen Kniebeugeübungen mittrainiert.
- Unterschiedliche Hüftgelenkwinkel bei der Übungsausführung beeinflussen die Muskelaktivierung nur unwesentlich.

ALLGEMEINE ÜBUNGSAUSFÜHRUNG
- Der Widerstand (Polster, Zugschleife) sollte – sofern die Maschineneinstellung dies zulässt – zur Vermeidung von Scherbelastungen auf das Kniegelenk bei allen Übungen oberhalb des Kniegelenks am Oberschenkel ansetzen.
- Wichtig für eine gute Stabilisation während der Übungsausführung ist die Anspannung der Rumpfmuskulatur zu Übungsbeginn sowie die Handfixation an den hierfür vorgesehenen Haltegriffen der Geräte. Viele Trainierende ziehen während der Übungsausführung die Fußspitzen an, weil sie hiermit subjektiv eine bessere Stabilisation erzielen, obwohl die eigentliche Adduktionsbewegung im Hüftgelenk von der Fußstellung nicht beeinflusst wird.

Die Adduktoren 125

Beine schließen an der Adduktorenmaschine

EFFEKTIVITÄT
- Diese Übung ist mit Abstand die absolute Top-Übung (Rangplatz 1, vgl. S. 120) für die Adduktoren.

ÜBUNGSAUSFÜHRUNG
- Setzen Sie sich in die Maschine, die Beine sind geöffnet und das Hüftgelenk gebeugt. Das Widerstandspolster sollte – wenn möglich – knapp oberhalb der Kniegelenke liegen.
- Spannen Sie die Rumpfmuskulatur an und schließen Sie die Beine so weit wie möglich gegen den Widerstand. Anschließend spreizen Sie kontrolliert die Beine wieder. Fortgeschrittene können durch Endkontraktionen, d. h. zusätzliche kleine Schließbewegungen bei fast geschlossenen Beinen in der Bewegungsendstellung, eine erhöhte Aktivierung der Adduktoren erreichen.

Beine schließen an der Hüftpendelmaschine (Multi-Hip-Maschine)

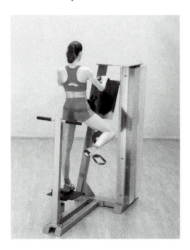

EFFEKTIVITÄT
- Die Übung ist für das Training der Adduktoren hochintensiv (Rangplatz 2, vgl. S. 120), wenngleich die Aktivierung aufgrund der etwas schlechteren Fixierung des Körpers deutlich geringer ausfällt als bei der Top-Übung, dem Beineschließen an der Adduktorenmaschine.
- Durch die Stabilisierungsarbeit werden auch die Adduktoren im Standbein aktiviert. Die Aktivierung ist jedoch geringer als beim Trainingsbein.

ÜBUNGSAUSFÜHRUNG
- Stellen Sie die höhenverstellbare Plattform so ein, dass sich Ihr Hüftgelenk auf Höhe der Drehachse der Maschine befindet. Das Widerstandspolster wird knapp oberhalb des Kniegelenks an der Oberschenkelinnenseite positioniert. Das Kniegelenk des Standbeins ist leicht gebeugt.
- Ziehen Sie die Fußspitze an, beugen Sie das Kniegelenk und führen Sie das Bein gegen den Widerstand zum Standbein heran. Anschließend spreizen Sie das Bein wieder kontrolliert bremsend ab.
- Endkontraktionen im Bereich der nahezu geschlossenen Beine führen zu einer Aktivierungszunahme.

Beine schließen am Kabelzug

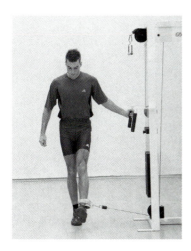

EFFEKTIVITÄT
- Die Übung ist ähnlich effektiv wie das Beineschließen an der Hüftpendelmaschine. Aufgrund der schlechteren Fixierung ist die Aktivierung aber dennoch deutlich geringer als bei der Top-Übung.
- Die Adduktoren im Standbein werden durch die Stabilisierungsarbeit ebenfalls aktiviert.

ÜBUNGSAUSFÜHRUNG
- Stellen Sie sich mit leicht gebeugtem Kniegelenk seitlich neben eine Kabelzugmaschine. Falls möglich, sollte der Standfuß etwas erhöht, z. B. auf einem Brett, stehen.
- Befestigen Sie die Fußschlaufe direkt oberhalb des Kniegelenks, sofern die Kabelzugmaschine höhenverstellbar ist. Bringen Sie ansonsten die Fußschlaufe über dem Knöchel an.
- Halten Sie sich mit einer Hand an der Maschine oder einem anderen Gerät fest und spannen Sie die Rumpfmuskulatur an.
- Ziehen Sie jetzt das abgespreizte Trainingsbein gegen den Widerstand zum Standbein und führen Sie anschließend kontrolliert bremsend das Bein wieder zurück.
- Die gängige Praxis, das Trainingsbein über das Standbein zu ziehen (Kreuzen der Beine), bewirkt keine stärkere Aktivierung der Adduktoren.

Unterarmklemme

Unterarmklemme im Sitz auf der Bank

Unterarmklemme im Sitz am Boden

EFFEKTIVITÄT
- Die Adduktorenklemme ist eine intensive kraftgymnastische Adduktorenübung (Rangplatz 5, vgl. S. 120). Die Intensität ist jedoch deutlich geringer als bei den Top-Übungen.

ÜBUNGSAUSFÜHRUNG
- Legen Sie im Sitz Ihren Unterarm (waagerecht) zwischen die Knie und versuchen Sie, die Knie zusammenzudrücken.
- Die Intensität dieser statischen Kräftigungsübung kann durch die Dosierung der Muskelanspannung gut selbständig variiert werden.
- Die Übung kann gut als Heimtrainingsübung oder im Gruppentraining ohne Gerät verwendet werden.

- Die Variante im Spreizsitz, Fersen an den Körper gezogen, Fußsohlen aneinander gelegt, bewirkt eine geringere Muskelspannung. Die Adduktoren sind dabei in Dehnstellung.

Beine schließen gegen Partnerwiderstand

am Boden

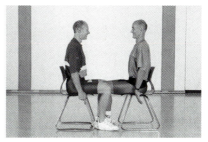

auf dem Stuhl

EFFEKTIVITÄT
- Das Beine schließen gegen Partnerwiderstand ist eine effektive kraftgymnastische Übung zur Kräftigung der Adduktoren (Rangplatz 4, vgl. S. 120). Die Aktivierung ist etwa ebenso hoch wie bei den Übungen an der Hüftpendelmaschine und am Kabelzug.

ÜBUNGSAUSFÜHRUNG
- Bei der Ausführung am Boden setzen Sie sich mit angezogenen Beinen auf die Füße des Partners, wobei Ihre Knie außen sind. Rutschen Sie eng zusammen.
- Schließen und öffnen Sie die Beine jetzt kontrolliert gegen Partnerwiderstand. Der Partner trainiert gleichzeitig die Abduktoren.
- Dosieren Sie den Widerstand so, dass die gewünschte Wiederholungszahl in der Serie (z. B. 15 Wiederholungen) erreicht wird. Da die Adduktoren in der Regel kräftiger sind als die Abduktoren, fällt diese Aufgabe dem Partner zu, der die Adduktoren trainiert.
- Die Übung stellt ein motivierendes Partnertraining dar, wobei die Übung auch im Sitz gegenüber auf dem Stuhl oder Step durchgeführt werden kann.

Kreuzheben, Beinpressen

Kreuzheben

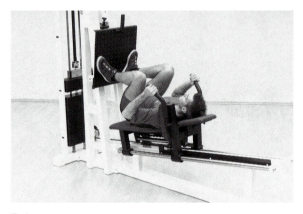

Beinpressen

Auch die Übungen Kreuzheben und Beinpressen führen zu einer mittleren Mitaktivierung der Adduktoren. Eine Stellung der Füße 30° nach außen ist dabei effektiver als eine parallele Fußstellung. Beide Übungen sind im Kapitel «Die Muskulatur der Oberschenkelvorderseite» detailliert beschrieben.

Die Adduktoren 131

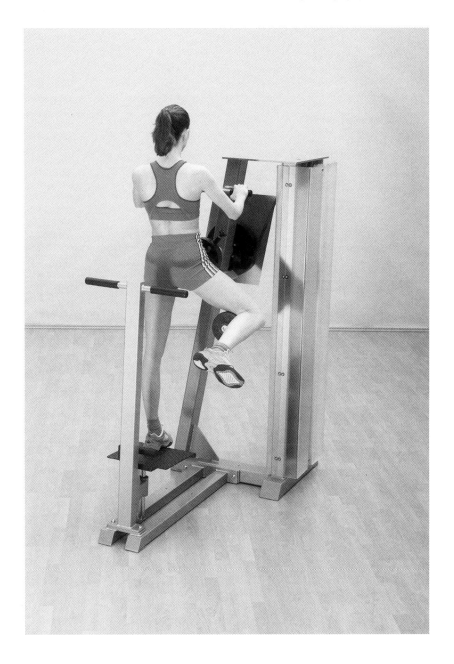

Die Abduktoren
Die Schenkelabspreizer

Die anatomischen Grundlagen: So funktionieren Ihre Abduktoren

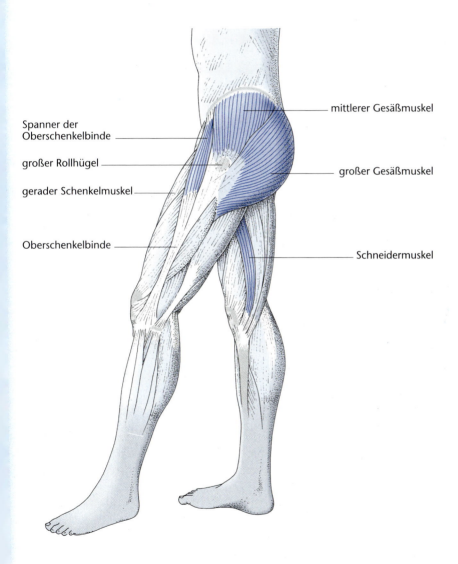

Die Abduktoren

Die Gegenspieler der Adduktorengruppe sind die Abduktoren (Schenkelabspreizer). An der Abduktionsbewegung sind zahlreiche Muskeln beteiligt, die in der Reihenfolge ihres Kraftanteils an der Abspreizbewegung des Beines genannt werden (WEINECK 2002): mittlerer Gesäßmuskel (M. glutaeus medius) 24 %, gerader Schenkelmuskel (M. rectus femoris) 19 %, großer Gesäßmuskel (M. glutaeus maximus) 19 %, Schenkelbindenspanner (M. tensor fasciae latae) 17 %, kleiner Gesäßmuskel (M. glutaeus minimus) 14 %, Schneidermuskel (M. sartorius) 3,7 %, birnenförmiger Muskel (M. piriformis) 3 %.

Die Kraft der Abduktionsbewegung beträgt nur etwa die Hälfte der Kraft der Adduktionsbewegung. Der Hauptabduktor, der mittlere Gesäßmuskel (M. glutaeus medius) wird mit dem kleinen Gesäßmuskel (M. glutaeus minimus) unter dem Begriff der «kleinen Glutäen» zusammengefasst. Die beiden kleinen Glutäen liegen außen auf dem Becken und ziehen zur Oberschenkelaußenseite. Sie werden bis auf das obere Drittel des mittleren Gesäßmuskels fast vollständig vom großen Gesäßmuskel überdeckt.

Neben ihrer dynamischen Funktion des Abspreizens des Beines (Abduktion) besitzen sie noch eine sehr wichtige statische Aufgabe bei der Stabilisation des Beckens. Beim Gehen und Laufen wird das Becken so stabilisiert, dass es nicht zur Schwungbeinseite abkippt, wodurch die gerade Haltung des Beckens gewährleistet wird.

Wenn Sie beide Handflächen seitlich auf die Hüfte (Gesäß) legen, können Sie beim Gehen deutlich spüren, wie sich die angespannten Abduktoren wechselseitig im Bereich des Standbeines unter der Haut wulstartig abzeichnen.

> **INFO**
> Da die Abduktoren zur Abschwächung neigen, ist ihre Kräftigung sehr wichtig.

Die Abduktoren 135

**Die beste Kräftigungsübung für die Abduktoren:
Bein abspreizen am Kabelzug mit Endkontraktionen**

Die beste Dehnung

- Setzen Sie im Sitz ein Bein über das andere. Das unten liegende Bein ist im Kniegelenk gebeugt. Drehen Sie den Oberkörper nun zur Seite des aufgestellten Beines, ziehen Sie den Oberschenkel eng an die Brust und drücken Sie mit dem Oberarm den Oberschenkel nach innen, bis Sie eine Dehnspannung seitlich im Gesäß spüren.
- Halten Sie die Dehnspannung ca. 15–20 Sek. und dehnen Sie dann noch einmal 15–20 Sek. nach, indem Sie den Druck auf den Oberschenkel nach innen verstärken.

Die Top 12 der Abduktoren: So finden Sie die besten Übungen

Die Muskelgruppe der Abduktoren besteht aus zahlreichen Muskeln, die sich zum Teil überlagern. Mit dem Oberflächen-EMG können drei wichtige Abduktoren erfasst werden: der vordere Teil des mittleren Gesäßmuskels, der große Gesäßmuskel und der Schenkelbindenspanner, die zusammen etwa 60 % der Abduktionskraft erbringen. Es wurde für jeden der drei Muskeln eine Einzelrangliste erstellt; diese wurden zu der folgenden Gesamtrangliste zusammengefasst.

Top 12: Abduktoren

Rang	Übung	x̄ R
1	Bein abspreizen am Kabelzug mit Endkontraktionen (S. 142)	4,1
2	Bein abspreizen im seitlichen Unterarmstütz mit Endkontraktionen (oberes Bein) (S. 145)	4,9
3	Bein abspreizen an der Multi-Hip-Maschine 180° mit Endkontraktionen (S. 147)	5,1
4	Bein abspreizen an der Multi-Hip-Maschine 140° mit Endkontraktionen (S. 147)	5,2
5	Beine spreizen an der Abduktorenmaschine mit Endkontraktionen (S. 148)	5,3
6	Beine spreizen an der Abduktorenmaschine ohne Endkontraktionen (S. 148)	5,7
7	Seitlicher Unterarmstütz (unteres Bein) (S. 145)	6,0
8	Bein abspreizen am Kabelzug ohne Endkontraktionen (S. 142)	7,1
9	Beine öffnen und -schließen gegen Partnerwiderstand (S. 148)	7,8
10	Bein abspreizen im Sitz am Boden (Callanetics) (S. 143)	8,6
11	Bein abspreizen im Stand mit Endkontraktionen (S. 143)	8,7
12	Bein abspreizen an der Multi-Hip-Maschine, 180° (S. 147)	9,1

EMG-Rangliste von 12 Übungen für die Abduktoren nach dem durchschnittlichen Rangplatz (x̄ R); n = 10

Die Abduktoren

Kommentar zur Rangliste

- x̄ R gibt den Mittelwert der individuellen Rangplätze der 10 Probanden an. Die Übung auf Platz 1 der Rangliste hat den kleinsten durchschnittlichen Rangplatzwert (x̄ R) und erzeugt die intensivste Muskelkontraktion. Sie ist somit die effektivste Übung für diese Muskelgruppe.
- Die folgende graphische Darstellung der durchschnittlichen Rangplätze (x̄ R) macht die Intensitätsunterschiede der 12 Übungen deutlich.

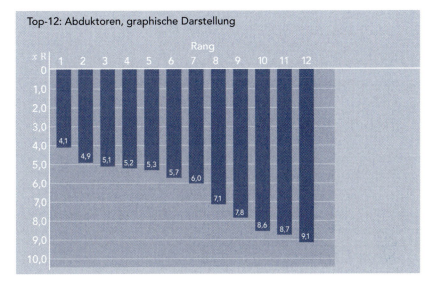

- Die Intensität nimmt von Übung 1 bis 12 ab. Je größer der Intensitätsabfall, desto stärker unterscheiden sich die Übungen hinsichtlich ihrer Effektivität. Ein deutlicher Intensitätsabfall besteht von Übung 1 auf 2, 7 auf 8, 8 auf 9 und 9 auf 10.
  Übungen mit nahe beieinander liegenden Rangplätzen weisen etwa gleiche Intensitäten auf. Sie sind deshalb nahezu gleichwertig und können im Training alternativ eingesetzt werden. Dies gilt hier für die Übungen 2–5 sowie 10 und 11.
- Die Übung Bein abspreizen am Kabelzug mit Endkontraktionen (Platz 1) ist die Top-Übung für die Abduktoren. Mit geringem Abstand folgt eine Gruppe von nahezu gleichwertigen Übungen auf den Plätzen 2–7.
- Der seitliche Unterarmstütz mit zusätzlichem Abspreizen des oberen Beines und Endkontraktionen ist die beste Heimübung ohne Maschine.

Übersicht: Top-12-Übungen für die Abduktoren im Bild

1. Bein abspreizen am Kabelzug mit Endkontraktionen

2. Bein abspreizen im seitlichen Unterarmstütz mit Endkontraktionen (oberes Bein)

3. Bein abspreizen an der Multi-Hip-Maschine, 180°, mit Endkontraktionen

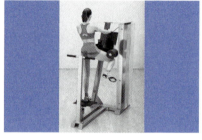

4. Bein abspreizen an der Multi-Hip-Maschine, 140°, mit Endkontraktionen

5. Beine spreizen an der Abduktorenmaschine mit Endkontraktionen

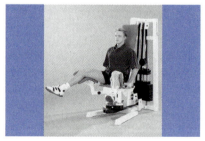

6. Beine spreizen an der Abduktorenmaschine ohne Endkontraktionen

Die Abduktoren 139

7. Seitlicher Unterarmstütz (unteres Bein)

8. Bein abspreizen am Kabelzug ohne Endkontraktionen

9. Beine öffnen und -schließen gegen Partnerwiderstand

10. Bein abspreizen im Sitz am Boden (Callanetics)

11. Bein abspreizen im Stand mit Endkontraktionen

12. Bein abspreizen an der Multi-Hip-Maschine, 180°, ohne Endkontraktionen

Die Übungen:
Das Beste für Ihre Abduktoren

Es ist nicht sinnvoll, die Übungen für die Muskelgruppe der Abduktoren in unterschiedliche Übungsgruppen einzuteilen. Die strukturellen Merkmale der Abduktorenübungen sind bei allen Übungen ähnlich.

Das Wichtigste im Überblick

EFFEKTIVITÄT
- Alle aufgeführten Übungen 1–12 sind effektiv und empfehlenswert für ein wirkungsvolles Abduktorentraining.
- Die EMG-Einzelranglisten für den Schenkelbindenspanner und den Großen Gesäßmuskel haben gezeigt, dass der Schenkelbindenspanner stärker bei Übungen aktiviert wird, bei denen das Hüftgelenk gestreckt ist, der Große Gesäßmuskel dagegen bei Übungen mit gebeugtem Hüftgelenk. Deshalb sind für den Schenkelbindenspanner insbesondere die Übungen Bein abspreizen im seitlichen Unterarmstütz, Bein abspreizen am Kabelzug und Bein abspreizen an der Multi-Hip-Maschine mit 180° gestrecktem Hüftgelenk hocheffektiv.
- Die Übungen mit gebeugtem Hüftgelenk, Beine spreizen an der Abduktorenmaschine und Beine öffnen gegen Partnerwiderstand weisen dagegen eine etwas geringere Intensität für den Schenkelbindenspanner auf.
- Für den großen Gesäßmuskel gilt der umgekehrte Sachverhalt: höhere Aktivierung bei gebeugtem Hüftgelenk und etwas geringere Muskelspannung bei gestrecktem Hüftgelenk.
- Bei dem dritten getesteten Abduktor, dem mittleren Gesäßmuskel, sind keine wesentlichen Unterschiede bei Hüftegelenkbeugung oder -streckung festzustellen.
- Endkontraktionen (= zusätzliche Bewegungen mit sehr kleiner Bewegungsamplitude bei maximal abgespreiztem Bein im Endpunkt der Bewegung) intensivieren die Übungen deutlich. Die ersten fünf Übungen der Top-12-Rangliste beinhalten Endkontraktionen.

Die Abduktoren

BESONDERHEITEN

- Bei den meisten Abduktorenübungen werden beide Seiten gleichzeitig trainiert. Dies gilt nicht nur für die Übungen mit beidseitigem Bein abspreizen an der Abduktorenmaschine oder Beine öffnen gegen den Partnerwiderstand. Auch die meisten Übungen, bei denen nur ein Bein abgespreizt wird, erfassen beide Seiten. Bei den Übungen Bein abspreizen am Kabelzug, an der Multi-Hip-Maschine, im Stand oder im seitlichen Liegestütz arbeiten die Abduktoren des abgespreizten Beines dynamisch. Das Standbein muss jedoch erhebliche Stabilisierungsarbeit leisten, und seine Abduktoren ermüden manchmal sogar schneller als die des dynamisch abgespreizten Beines.
- Zusätzliche Messungen haben ergeben, dass durch die isometrische Kontraktion, die bei der Haltearbeit des Standbeins entsteht, ähnlich hohe oder sogar höhere Muskelspannungen auftreten wie im dynamisch arbeitenden Bein. Die Übung Bein abspreizen im seitlichen Unterarmstütz mit Endkontraktion (oberes Bein) auf Platz 2 und das Bein abspreizen im seitlichen Unterarmstütz (unteres Bein), Platz 8, zeigen die Doppelwirkung dieser Abduktorenübung.

ALLGEMEINE ÜBUNGSAUSFÜHRUNG

- Eine wichtige Voraussetzung für eine effektive Übungsausführung und eine intensive Muskelkontraktion ist eine gute Stabilisierung des Körpers. Diese wird sowohl durch die Anspannung der stabilisierenden Muskelgruppen erreicht – der gesamte Körper bleibt unbeweglich fest, nur das Hüftgelenk bewegt sich – als auch durch die konsequente Nutzung externer Stabilisatoren wie z. B. die Haltegriffe, die Widerstandspolster und die Rückenlehne der Geräte.
Viele Trainierende ziehen während der Übungsausführung die Fußspitzen an, weil sie dadurch subjektiv die Stabilisierung verbessern, obwohl die eigentliche Abduktionsbewegung im Hüftgelenk davon nicht beeinflusst wird.

Die Übungen im Detail

Bein abspreizen am Kabelzug

EFFEKTIVITÄT
- Die Übung aktiviert alle Abduktorenmuskeln sehr intensiv. Sie wird zur absoluten Top-Übung für diese Muskelgruppe (Platz 1 der Übungsrangliste), wenn die Übungsausführung durch Endkontraktionen intensiviert wird.
- Die Abduktoren des Standbeins werden durch die stabilisierende Haltearbeit intensiv isometrisch mittrainiert.

ÜBUNGSAUSFÜHRUNG
- Stellen Sie sich seitlich neben eine Kabelzugmaschine. Falls möglich, sollte der Standfuß etwas erhöht stehen, z. B. auf einem Brett.
- Befestigen Sie eine Fußschlaufe am Knöchel.
- Stellen Sie eine optimale Stabilisierung des Körpers sicher, indem Sie sich mit den Händen (einer Hand) an der Maschine oder einem anderen Gerät festhalten und die becken- und rumpfstabilisierende Muskulatur anspannen. Beugen Sie das Standbein ein wenig.

Die Abduktoren

- Spreizen Sie das Trainingsbein gegen den Widerstand nach außen ab. Intensivieren Sie die Spannung gegebenenfalls durch einige Endkontraktionen und führen Sie das abgespreizte Bein wieder kontrolliert nachgebend an das Standbein heran.
- Vorsicht: Aufgrund des langen Hebels (Fußschlaufe am Knöchel) kann eine hohe Übungsintensität erreicht werden. Es ergeben sich jedoch auch hohe Scherkräfte an der Außenseite des Kniegelenks. Falls Sie eine Außenbandschwäche haben oder bei der Übungsausführung Beschwerden auftreten, sollten Sie die Fußschlaufe oberhalb des Kniegelenks befestigen oder auf eine andere Abduktorenübung ausweichen.

Bein abspreizen im Stand, im Sitz, in Seitlage ohne Zusatzgewicht

im Stand

im Sitz (Callanetics)

in Seitlage am Boden

EFFEKTIVITÄT

- Das Abspreizen eines Beines ohne Zusatzgewicht führt zu einer mittelintensiven Beanspruchung der Abduktoren, wenn die Übungen mit Endkontraktionen ausgeführt werden. Die Intensität ist deutlich ge-

ringer als bei Übungen mit Zusatzgewichten (Plätze 10 und 11, vgl. S. 136).
- Da die Abduktoren bei vielen Menschen (auch bei vielen Sportlern!) nur ungenügend trainiert sind, ist die Intensität dieser «leichten» Übung für die meisten Personen jedoch zunächst völlig ausreichend.

ÜBUNGSAUSFÜHRUNG

- Spreizen Sie ein Bein maximal ab, intensivieren Sie die Muskelaktivität durch mehrere Endkontraktionen, bevor Sie das Bein kontrolliert nachgebend wieder senken.
- Beachten Sie bei der Übung Bein abspreizen im Sitz zusätzlich folgende Hinweise:
  - Die Ausgangstellung im Sitz am Boden stellt bereits eine fast maximale Kontraktionsposition der Abduktoren sicher. Es sind aus dieser Stellung nur kleine Endkontraktionsbewegungen möglich, die leicht zu Muskelverkrampfungen führen können. Wählen Sie in diesem Falle eine andere Übung, die eine größere Bewegungsamplitude ermöglicht, oder erleichtern Sie die Übung durch eine Beugung im Hüftgelenk und ein Seitneigen des Körpers.
  - Setzen Sie sich möglichst aufrecht auf den Boden und sichern Sie Ihre aufrechte Sitzposition, indem Sie sich mit einem Arm am Boden oder auf einem Stuhl, einer Bank oder einem Step abstützen.
  - Spreizen Sie das hintere Bein ab, wobei das Knie- und das Hüftgelenk möglichst gestreckt sind.
  - Heben Sie das Trainingsbein vom Boden ab und führen Sie kleine Auf- und Abbewegungen durch.
  - Je aufrechter Ihre Sitzposition ist und je mehr Sie das Hüft- und das Kniegelenk strecken, desto intensiver wird die Übung.

Bein abspreizen im seitlichen Unterarmstütz

lang – einbeinig – ein Arm
über Kopf

lang – einbeinig
Bei Gleichgewichtsproblemen
kann die freie Hand vor dem
Körper stützen

kurz – einbeinig
Unterarm – Unterschenkelstütz –
freier Arm lang über Kopf

EFFEKTIVITÄT
- Die intensivste Variante des Bein abspreizens im seitlichen Unterarmstütz mit Endkontraktionen ist eine hochintensive Übung für das obere, abgespreizte Bein (Platz 2, vgl. S. 136) und eine mittelintensive Übung für das Stützbein (Platz 7).
- Somit werden mit einer einzigen Übung die Abduktoren beider Seiten wirkungsvoll trainiert, das obere Bein durch dynamische Endkontraktionen, das Stützbein durch starke statische Stabilisierungsarbeit.
- Zusätzlich ist die Übung eine hervorragende Komplexübung, die hohe Anforderungen an die Koordination und die Stabilisierungsfähigkeit des gesamten Körpers (Körperspannung) stellt und eine sehr intensive Aktivierung der schrägen und seitlichen Bauchmuskeln bewirkt.

ÜBUNGSAUSFÜHRUNG

- Heben Sie den Körper aus der Seitlage in den seitlichen Unterarmstütz, wobei der gesamte Rumpf und die Beine angehoben werden; der Boden wird nur vom Unterarm und den Füßen berührt. Der Körper bildet eine gerade Linie. Bauen Sie eine feste Körperspannung auf.
- Der freie Arm kann bei Gleichgewichtsproblemen vor dem Körper (kurzzeitig) stützen.
- Vermeiden Sie Pressatmung, atmen Sie regelmäßig.
- Intensivieren Sie die Übung durch das Anheben des oberen Beines und gegebenenfalls Endkontraktionen sowie die Streckung des freien Armes über Kopf.
- Erleichtern Sie sich die Übung durch Hebelverkürzung. Beugen Sie das Stützbein und vergrößern Sie dadurch die Auflagefläche des Beines auf dem Boden.

HINWEIS

Beim seitlichen Unterarmstütz wird das Außenband des Kniegelenks des unten liegenden Beines hoch belastet. Personen mit einer Außenbandschwäche sollten diese Übung meiden oder den gesamten Unterschenkel und das Kniegelenk als Stützfläche nutzen (seitlicher Unterarm-Unterschenkelstütz).

Bein abspreizen an der Hüftpendelmaschine

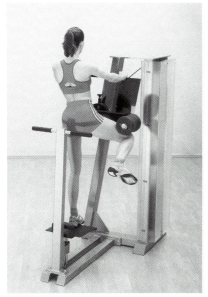

Hüftgelenk 140°   Hüftgelenk 180°

EFFEKTIVITÄT

- Die Übung ist sowohl mit leicht gebeugtem Hüftgelenk (140°) als auch mit gestrecktem Hüftgelenk mit Endkontraktionen sehr intensiv für die Abduktoren des abgespreizten Beines (Plätze 3 und 4). Die Muskelaktivierung ist dennoch etwas geringer als bei den Top-Übungen Bein abspreizen am Kabelzug und Bein abspreizen im seitlichen Unterarmstütz, jeweils mit Endkontraktionen.
- Der Verzicht auf Endkontraktionen reduziert die Muskelaktivierung erheblich, sodass die Übung ohne Endkontraktion nur den letzten Platz der Top-12-Rangliste belegt.
- Die stabilisierende Haltearbeit des Standbeins aktiviert zusätzlich die Abduktoren der Gegenseite hochintensiv. Die isometrische Aktivierungsspannung dieser Abduktoren ist mindestens ebenso stark oder sogar stärker als die der dynamisch arbeitenden Gegenseite.

ÜBUNGSAUSFÜHRUNG

- Richten Sie die Standfläche der höhenverstellbaren Plattform so ein, dass sich das Hüftgelenk auf Höhe der Drehachse der Maschine befindet. Das Widerstandspolster sollte, wenn möglich, unmittelbar oberhalb des Kniegelenks außen ansetzen. Das Standbein ist leicht gebeugt.
- Beugen Sie das Trainingsbein im Kniegelenk; dadurch können Sie mit einem größeren Bewegungsausschlag trainieren. Spreizen Sie das Bein gegen den Widerstand nach außen ab (individuellen Bewegungsumfang maximal nutzen) und führen Sie anschließend das Bein kontrolliert nachgebend wieder zum Standbein zurück. Ein Kreuzen des Trainingsbeines vor dem Standbein führt zu keiner Erhöhung der Übungseffektivität.
- Endkontraktionen erhöhen die Intensität deutlich.

Beine spreizen an der Abduktoren-Maschine

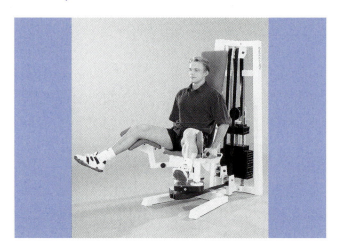

EFFEKTIVITÄT

- Die Übung aktiviert die Abduktoren erwartungsgemäß sehr intensiv und erreicht ähnliche Intensitäten wie die Übung Bein abspreizen an der Multi-Hip-Maschine.
- Eine genaue Analyse der Einzelranglisten der gemessenen Abduktorenmuskeln zeigt, dass die Übung an der Abduktorenmaschine für den Großen Gesäßmuskel die absolute Top-Übung darstellt, den mittleren Gesäßmuskel ebenfalls sehr gut, den Schenkelbindenspanner jedoch wesentlich weniger aktiviert.

Die Abduktoren

- Endkontraktionen ergeben hier keine wesentliche Intensivierung, was möglicherweise an der Konstruktion der getesteten Maschine liegt. Endkontraktionen haben sich in der Regel für alle Übungen als gute Aktivierungsverstärker erwiesen.

ÜBUNGSAUSFÜHRUNG
- Setzen Sie sich in die Maschine, die Beine sind geschlossen, das Hüftgelenk ist gebeugt. Das Widerstandspolster sollte – wenn möglich – knapp oberhalb des Kniegelenks liegen.
- Spannen Sie die Rumpfmuskulatur an und spreizen Sie die Beine so weit wie möglich. Dann schließen Sie die Beine wieder kontrolliert nachgebend.

Beine öffnen gegen den Partnerwiderstand

EFFEKTIVITÄT
- Diese motivierende Partnerübung ist als Heim- und Gruppenübung ohne Geräte durchaus trainingswirksam und empfehlenswert (Platz 9).
- Der Partner trainiert bei dieser Übung seine Adduktoren intensiv (vgl. S. 120)

ÜBUNGSAUSFÜHRUNG
- Setzen Sie sich mit angezogenen Beinen auf die Füße des Partners, wobei die Knie des Trainierenden innen sind. Rutschen Sie eng zusammen.
- Schließen und öffnen Sie die Beine jetzt kontrolliert gegen den Partnerwiderstand.

- Dosieren Sie den Widerstand so, dass die gewünschte Wiederholungszahl in der Serie (z. B. 15 Wiederholungen) erreicht wird. Da die Adduktoren in der Regel kräftiger sind als die Abduktoren, fällt diese Aufgabe der Person zu, die die Adduktoren trainiert.
- Die Übung stellt ein motivierendes Partnertraining dar, wobei die Übung auch im Sitz gegenüber auf einem Stuhl oder Step durchgeführt werden kann.

Die Abduktoren

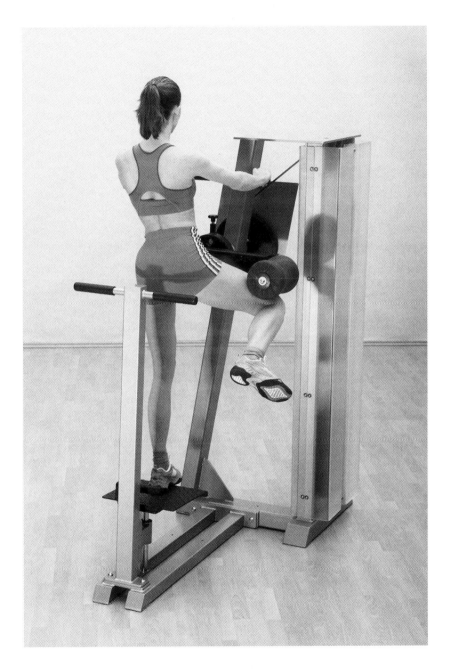

Die Wadenmuskulatur

Die Wadenmuskulatur 153

Die anatomischen Grundlagen: So funktionieren Ihre Wadenmuskeln

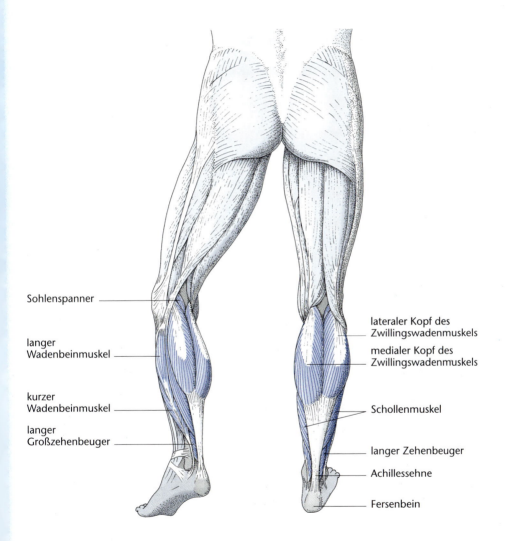

Die Wadenmuskulatur

Die Wade besteht aus dem zweigelenkigen Zwillingswadenmuskel (M. gastrocnemius) und dem eingelenkigen Schollenmuskel (M. soleus). Aus optischer Sicht spielt vor allem der oberflächlich liegende Zwillingswadenmuskel eine besondere Rolle, da er die Form des Unterschenkels am deutlichsten prägt. Beide Wadenmuskeln werden auch als M. triceps surae zusammengefasst, da sie neben der nahezu identischen Funktion auch gemeinsam über die Achillessehne am Fersenbein ansetzen.

Die Wadenmuskeln gehören zu den kräftigsten Muskeln des menschlichen Körpers, denn sie sind in der Lage, durch das Heben der Fersen vom Boden das gesamte Körpergewicht anzuheben. Sie spielen eine wichtige Rolle bei allen Geh-, Lauf- und Sprungbewegungen, da sie für einen kräftigen Abdruck aus dem oberen Sprunggelenk sorgen. Zusätzlich ermöglichen sie die Einwärtsdrehung des Fußes (Supination). Im Stand kommt dieser Gruppe eine wesentliche Funktion für das Ausbalancieren des Körpergewichts auf dem Fuß zu; je mehr der Körper nach vorne geneigt wird, desto stärker müssen Sie die Wadenmuskulatur anspannen. Für die Kraftleistung des Zwillingswadenmuskels spielt auch die Länge des Fersenbeins eine Rolle. Je länger es ist, desto größer ist die Hebelwirkung.

Während der eingelenkige Schollenmuskel nur einen Einfluss auf das obere Sprunggelenk hat, beugt der zweigelenkige Zwillingswadenmuskel zusätzlich noch das Kniegelenk. Bei der Dehnung und Kräftigung sind deshalb zwei verschiedene Übungen zu unterscheiden.

> **INFO**
> Die Wadenmuskulatur neigt zur Verkürzung und sollte gedehnt werden.

Die Wadenmuskulatur

Die besten Kräftigungsübungen

Fersenheben im Stand, Zwillingswadenmuskel (s. S. 164)

Fersenheben im Sitz, Schollenmuskel (s. S. 171)

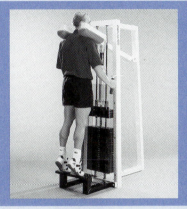

Die besten Dehnübungen

Zwillingswadenmuskel

Schollenmuskel

- Stellen Sie sich in Schrittstellung frontal vor eine Wand und stützen Sie sich mit gestreckten Armen an der Wand ab. Das hintere Bein ist gestreckt, die Fußspitze zeigt nach vorne und die Ferse ist am Boden.

- Stellen Sie sich in Schrittstellung frontal vor eine Wand und stützen Sie sich mit gestreckten Armen an der Wand ab. Das hintere Bein ist gestreckt, die Fußspitze zeigt nach vorne, und die Ferse ist am Boden.

- Schieben Sie jetzt die Hüfte nach vorne in Richtung Wand, bis Sie eine Dehnspannung in der Wade spüren. Halten Sie die Dehnung 15–20 Sek. und dehnen Sie dann noch einmal 15–20 Sek. nach, indem Sie die Hüfte noch etwas weiter vorschieben.
- Wenn Sie keine Dehnung in der Wadenmuskulatur spüren, muss der Fuß des hinteren Beines weiter von der Wand weggesetzt werden.
- Verlagern Sie das Körpergewicht stärker auf das hintere Bein und beugen Sie es maximal im Kniegelenk. Die Ferse des hinteren Beines darf nicht vom Boden abgehoben werden. Spüren Sie die Dehnspannung stärker im unteren Bereich der Wade.
- Halten Sie die Spannung 15–20 Sek. und dehnen Sie dann noch einmal 15–20 Sek. nach, indem Sie das Knie des hinteren Beines noch weiter nach vorne schieben.

Die Top 7 der Wadenübungen: So finden Sie die besten Übungen

Es werden für die Wadenmuskeln zwei Top-7-Übungsranglisten erstellt. Dies ist notwendig, weil der zweigelenkige Zwillingswadenmuskel und der eingelenkige Schollenmuskel sehr unterschiedlich auf die Übungen «Fersenheben im Sitzen und Fersenheben im Stand» reagieren. Die Berücksichtigung dieses Unterschieds ist für ein optimales Training beider Muskelanteile von entscheidender Bedeutung.

Top 7: Zwillingswadenmuskel

Rang	Übung	x̄ R
1	Fersenheben im Stand an der Wadenmaschine (S. 164)	1,1
2	Fersenheben auf erhöhter Standfläche mit 90° vorgebeugtem Oberkörper an der Multipresse (S. 167)	2,9
3	Fersenheben an der horizontalen Beinpresse, Hüftgelenkwinkel 170° (S. 169)	3,0
4	Fersenheben an der 45° Beinpresse, Hüftgelenkwinkel 90° (S. 169)	3,4
5	Fersenheben im Stand einbeinig auf erhöhter Standfläche ohne Zusatzgewicht (S. 166)	4,6
6	Fersenheben im Sitz an der Wadenmaschine (S. 171)	6,2
7	Beinbeugen an der Leg-Curl-Maschine (S. 108)	6,8

EMG-Rangliste von 7 Übungen für den Zwillingswadenmuskel nach dem durchschnittlichen Rangplatz (x̄ R); n=10

Kommentar zur Rangliste

- x̄ R gibt den Mittelwert der individuellen Rangplätze der 10 Probanden an. Die Übung auf Platz 1 der Rangliste hat den kleinsten durchschnittlichen Rangplatzwert (x̄ R) und führt zur intensivsten Muskelkontraktion; sie ist somit die effektivste Übung für diese Muskelgruppe.
- Die folgende graphische Darstellung der durchschnittlichen Rangplätze (x̄ R) macht die Intensitätsunterschiede der 7 Übungen deutlich.

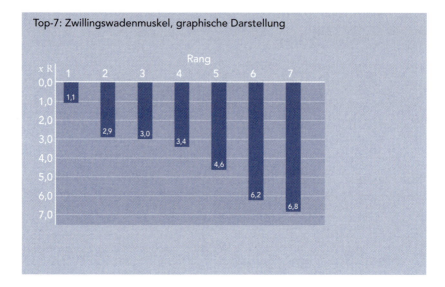

- Die Intensität nimmt von Übung 1 bis 7 ab. Je größer der Intensitätsabfall von einer Übung zur nächsten ausfällt, desto stärker unterscheiden sich die Übungen hinsichtlich ihrer Effektivität. Ein starker Abfall der Intensität besteht bei den Übungen 1 auf 2 sowie 5 auf 6. Übungen mit nahe beieinander liegenden Rangplätzen weisen dagegen etwa gleiche Intensitäten auf. Sie sind deshalb nahezu gleichwertig und können im Training alternativ eingesetzt werden. Dies gilt hier für die Übungen 2–4.
- Das Fersenheben im Stand an der Wadenmaschine (Platz 1) erzeugt eindeutig die höchsten Muskelspannungen im Zwillingswadenmuskel und ist die Top-Übung. Die fast gleichwertigen Übungen auf den Plätzen 2–4 sind ebenfalls empfehlenswert.
- Das Fersenheben im Sitz an der Wadenmaschine und das Beinbeugen an der Beinbeugemaschine liegen klar am Ende der Rangliste (Plätze 6 und 7) und sind für den Zwillingswadenmuskel nicht effektiv.

Top 7: Schollenmuskel

Rang	Übung	x̄R
1	Fersenheben im Sitz an der Wadenmaschine (S. 171)	1,3
2	Fersenheben im Stand an der Wadenmaschine (S. 164)	3,1
3	Fersenheben auf erhöhter Standfläche mit 90° vorgebeugtem Oberkörper an der Multipresse (S. 167)	3,3
4	Fersenheben an der horizontalen Beinpresse, Hüftgelenkwinkel 170° (S. 169)	3,6
5	Fersenheben an der 45°-Beinpresse, Hüftgelenkwinkel 90° (S. 169)	3,7
6	Fersenheben im Stand einbeinig auf erhöhter Standfläche ohne Zusatzgewicht (S. 166)	6,0
7	Beinbeugen an der Leg-Curl-Maschine (S. 108)	6,9

EMG-Rangliste von 7 Übungen für den Schollenmuskel nach dem durchschnittlichen Rangplatz (x̄R); n = 10

Kommentar zur Rangliste

- Die folgende graphische Darstellung der durchschnittlichen Rangplätze ($\bar{x}$ R) verdeutlicht die Intensitätsunterschiede der 7 Übungen.

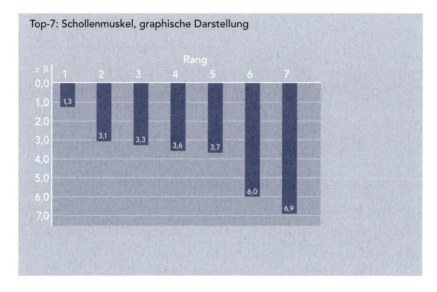

Top-7: Schollenmuskel, graphische Darstellung

- Die Intensität nimmt von Übung 1 bis 7 ab. Die großen Intensitätsverluste von Übung 1 auf 2 und 5 auf 6 zeigen die deutlichen Effektivitätsunterschiede dieser Übungen. Die nahezu gleichwertigen Übungen auf den Plätzen 2–5 können dagegen im Training alternativ eingesetzt werden, ohne größere Effektivitätsunterschiede befürchten zu müssen.
- Das Fersenheben im Sitz an der Wadenmaschine (Platz 1) erweist sich als Spezialübung für den Schollenmuskel und ist mit deutlichem Vorsprung die effektivste Übung. Sie liegt beim Zwillingswadenmuskel dagegen an vorletzter Stelle!

Die Wadenmuskulatur

Übersicht: Top 7 für die Wadenmuskulatur im Bild

1. Fersenheben im Stand an der Wadenmaschine

2. Fersenheben auf erhöhter Standfläche mit 90° vorgebeugtem Oberkörper

3. Fersenheben an der horizontalen Beinpresse, Hüftgelenkwinkel 170°

4. Fersenheben an der 45°-Beinpresse, Hüftgelenkwinkel 90°

5. Fersenheben im Stand einbeinig auf erhöhter Standfläche ohne Zusatzgewicht

6. Fersenheben im Sitz an der Wadenmaschine

7. Beinbeugen an der Leg-Curl-Maschine

Die Übungen: Das Beste für Ihre Wadenmuskulatur

Die Übungen für die Wadenmuskeln werden aufgrund struktureller Merkmale in zwei Übungsgruppen eingeteilt.

1. Übungen für den zweigelenkigen Zwillingswadenmuskel

2. Spezialübung mit gebeugten Beinen für den eingelenkigen Schollenmuskel

Die Wadenmuskulatur

Übungen für den Zwillingswadenmuskel

Diese Übungsgruppe beinhaltet alle wichtigen Übungen mit gestreckten Kniegelenken mit und ohne Zusatzgewicht sowie das Beinbeugen an der Beinbeugemaschine.

Das Wichtigste im Überblick

EFFEKTIVITÄT

- Übungen mit hohen Zusatzgewichten (Maschinen, Gewichte, Partner) und guter Stabilisierung des Körpers sind die effektivsten Wadenübungen. Dies gilt vor allem für Übungen mit gestreckten Beinen an Maschinen, die für den Zwillingswadenmuskel hocheffektiv sind.
- Bei Übungen im aufrechten Stand muss das gesamte Körpergewicht oder bei 90° vorgebeugtem Oberkörper ein Teil des Körpergewichtes zusätzlich zu der Maschinenlast bewältigt werden. Aufgrund des sich ergebenden sehr hohen Gesamtgewichts führen das Fersenheben im Stand an der Wadenmaschine und das Fersenheben mit 90° vorgeneigtem Oberkörper die Rangliste an (Plätze 1 und 2, vgl. S. 157).
- Der Schollenmuskel wird am intensivsten mit gebeugten Kniegelenken an der Wadenmaschine im Sitz aktiviert, obwohl hier weniger Gewicht bewältigt werden kann. Der Zwillingswadenmuskel wird durch das Fersenheben an der Wadenmaschine im Sitz hingegen nur gering beansprucht (Platz 6, vgl. S. 157).
- Eine Übungsausführung mit mehrfachen Endkontraktionen im hohen Ballenstand führt zu einer deutlich intensiveren Aktivierung der Wadenmuskulatur.
- Eine gerade Fußstellung ist für die Aktivierung günstiger als einwärts oder auswärts gedrehte Füße.
- Ein Absenken der Fersen tiefer als die Fußballen während der Bewegungsdurchführung führt bei den meisten Übungen nur zu einer unwesentlich erhöhten Aktivierung der Wadenmuskulatur.

BESONDERHEITEN

- Da bei Übungen im Stand mit Gewichtslast auf den Schultern (z. B. Wadenmaschine bzw. Langhantel) bei einem effektiven Training sehr hohe Gewichte bewältigt werden, besteht auch ein erhöhter Kompressionsdruck auf der Wirbelsäule. Eine einbeinige Ausführung mit Handfixation zur Stabilisation des Gleichgewichts reduziert die Gewichts- und somit die Wirbelsäulenbelastung. Allerdings verringert sich die Stabilität.

■ Bei Personen mit Außenbandschwäche im Fußgelenkbereich sollte die Fußspitze etwas nach außen zeigen, da hierdurch eine zu starke Supination (Heben des Fußinnenrandes und somit Abknicken nach außen) vermieden wird.

Fersenheben im Stand an der Wadenmaschine

Wadenheben an der Maschine

Wadenheben mit Langhantel

Die Wadenmuskulatur

EFFEKTIVITÄT
- Fersenheben im Stand an der Wadenmaschine ist die absolute Top-Übung (Rangplatz 1, vgl. S. 157) für den Zwillingswadenmuskel und an zweiter Stelle der Rangliste für den eingelenkigen Schollenmuskel.
- Die Aktivierung der gesamten Wadenmuskulatur dürfte bei einer Ausführung mit Langhantel oder anderen freien Zusatzgewichten aufgrund der schlechteren Stabilisierung und des kleineren Gewichts etwas geringer sein.

ÜBUNGSAUSFÜHRUNG
- Stellen Sie sich schulterbreit mit den Fußballen auf das Fußbrett, die Fußspitzen zeigen nach vorne.
- Spannen Sie die Rumpfmuskulatur an und drücken Sie die Schultern mit geradem Rücken unter die dafür vorgesehenen Polster, die Hände fassen die Haltegriffe.
- Gehen Sie nun mit gestreckten Kniegelenken in den Ballenstand. Heben Sie die Fersen maximal an und senken Sie sie anschließend wieder ab.
- Die Übung kann auch im Stand mit der Langhantel durchgeführt werden.

HINWEIS
- In Abhängigkeit vom Gewicht lastet ein hoher Kompressionsdruck auf der Wirbelsäule. Eine einbeinige Ausführung reduziert das Gewicht und somit die Wirbelsäulenbelastung, wenn auch die Stabilisierung etwas darunter leidet.

Fersenheben ohne Gerät

Fersenheben einbeinig

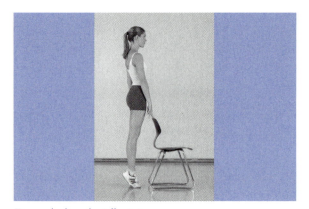

Fersenheben beidbeinig

EFFEKTIVITÄT

- Die Aktivierung beim Fersenheben einbeinig ohne Gewicht (Rangplatz 5, vgl. S. 157) ist deutlich geringer als bei den Übungen an Geräten. Die Übung ist vor allem für Personen mit hohem Körpergewicht bzw. für weniger Trainierte für den Zwillingswadenmuskel dennoch sehr effektiv.
- Die optimale Aktivierung ist im maximal hohen Ballenstand gegeben.
- Sie können die Aktivierung erhöhen, indem Sie im maximalen Ballenstand nur noch kleine Bewegungen machen (Endkontraktionen).
- Zusatzgewichte (Kurzhantel oder Sandsack) erhöhen die Intensität deutlich.

Die Wadenmuskulatur

ÜBUNGSAUSFÜHRUNG

- Stellen Sie sich einbeinig mit dem Fußballen auf eine kleine Erhöhung und sichern Sie Ihr Gleichgewicht durch Handfassung z. B. an einer Sprossenwand. Der Oberkörper ist aufrecht.
- Heben Sie nun die Ferse maximal an (Heben des Körpers in den hohen Ballenstand) und senken Sie sie dann wieder ab, das Kniegelenk bleibt gestreckt. Das Absenken der Ferse unter die Waagerechte erbringt kaum Aktivierungsvorteile.
- Um eine achsengerechte Belastung sicherzustellen, sollten Sie das Gewicht etwas zur Großzehe hin verlagern.
- Die beidbeinige Ausführung eignet sich lediglich als Aufwärmübung für die Wadenmuskulatur.

Fersenheben mit vorgebeugtem Oberkörper

an der Maschine

Partnerübung

EFFEKTIVITÄT

- Fersenheben mit vorgebeugtem Oberkörper ist eine sehr effektive Komplexübung für beide Wadenmuskeln (Rangplatz 2 bzw. Rangplatz 3, vgl. S. 157, 159). Sie liegt bei unseren Messwerten jedoch in der Aktivierung deutlich hinter den jeweiligen Top-Übungen zurück, möglicherweise weil bei der Messung keine 90°-Wadenmaschine zur Verfügung stand, sondern die Übung an der Multipresse improvisiert wurde.

ÜBUNGSAUSFÜHRUNG

- Stellen Sie sich etwa schulterbreit mit den Fußballen auf das Fußbrett, die Fußspitzen zeigen nach vorne, und die Knie sind gestreckt.
- Neigen Sie Ihren Rumpf mit geradem Rücken etwa 90° nach vorne; legen Sie die Unterarme auf der dafür vorgesehenen Polsterung ab und fassen Sie die Haltegriffe. Der Kopf befindet sich in Verlängerung des Rumpfes. Das höhenverstellbare Widerstandsbrett wird so eingestellt, dass es von oben auf das Becken drückt.
- Spannen Sie nun die Rumpfmuskulatur an und heben Sie die Fersen bei gestreckten Kniegelenken so hoch wie möglich gegen den Gewichtswiderstand an (hoher Ballenstand). Anschließend werden die Fersen kontrolliert wieder abgesenkt.
- Wenn die Übung z. B. vor einer Sprossenwand mit Partner durchgeführt wird, beugt der Trainierende den Rumpf mit geradem Rücken nach vorne (nur im Hüftgelenk beugen, nicht in der Wirbelsäule runden), wobei er sich mit den Händen abstützt. Der Trainingspartner setzt sich auf das Becken (nicht den Rücken!) und hält sich ebenfalls fest.

Die Wadenmuskulatur

Fersenheben an der Beinpresse

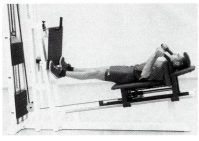

Horizontale Beinpresse

45°-Beinpresse

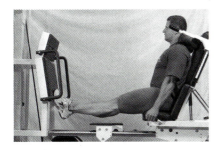

Beinpresse mit aufrechtem Sitz

EFFEKTIVITÄT

- Alle drei Übungen sind effektiv sowohl für das Training des Zwillingswadenmuskels (Rangplatz 3 und 4, vgl. S. 157) als auch des Schollenmuskels (Rangplatz 4 und 5, vgl. S. 159). Sie liegen jedoch in der Aktivierung deutlich hinter den jeweiligen Top-Übungen, weil das eigene Körpergewicht hier nicht gehoben werden muss, sondern ausschließlich die gewählte Maschinenlast.

ÜBUNGSAUSFÜHRUNG

- Setzen Sie Ihre Füße hüftbreit auf die untere Kante des Stemmbretts, die Fußspitzen zeigen nach vorn.
- Drücken Sie nun mit gestreckten Beinen das Gewicht mit den Fußballen weg. Heben Sie die Fersen dabei maximal hoch ab und senken Sie sie anschließend wieder kontrolliert.

- Die Übung kann auch in jeder Maschinenvariante der Beinpresse durchgeführt werden.

Übungen für den Schollenmuskel

Das Wichtigste im Überblick

EFFEKTIVITÄT

- Bei Übungen mit gebeugtem Kniegelenk kann der Zwillingswadenmuskel seine Kraft nicht optimal entfalten, sodass der Schollenmuskel hier die Hauptarbeit übernimmt und somit optimal trainiert wird. Ein weiterer Vorteil bei Übungen mit gebeugten Beinen ist, dass der Rücken nicht durch Zusatzgewichte belastet wird.

Die Wadenmuskulatur

Fersenheben im Sitz

Fersenheben im Sitz
an der Soleusmaschine

Fersenheben im Sitz
mit Partner

EFFEKTIVITÄT
- Fersenheben im Sitz an der Wadenmaschine ist mit Abstand die Top-Übung (Rangplatz 1, vgl. S. 159) für den Schollenmuskel, für den zweigelenkigen Zwillingswadenmuskel ist sie hingegen wenig wirkungsvoll (Rangplatz 6, vgl. S. 157).

ÜBUNGSAUSFÜHRUNG
- Setzen Sie Ihre Füße hüftbreit auf die Trittfläche, die Sitzposition ist aufrecht. Die Oberschenkelfixation erfolgt durch ein höhenverstellbares Polster.
- Fassen Sie die Haltegriffe. Heben Sie die Ferse gegen das Widerstandspolster so hoch wie möglich an. Anschließend senken Sie die Fersen kontrolliert wieder.
- Die Übung lässt sich auch als Partnerübung durchführen. Hierbei sitzt der Trainierende aufrecht auf einer Bank (Stuhl), der Trainingspartner sitzt auf seinen Knien.

Anhang